Maneiras de transformar mundos
Lacan, política e emancipação

Vladimir Safatle

Maneiras de transformar mundos
Lacan, política e emancipação

1ª reimpressão

autêntica

Copyright © 2020 Vladimir Safatle

Todos os direitos reservados pela Autêntica Editora Ltda. Nenhuma parte desta publicação poderá ser reproduzida, seja por meios mecânicos, eletrônicos, seja via cópia xerográfica, sem a autorização prévia da Editora.

EDITORAS RESPONSÁVEIS
Rejane Dias
Cecília Martins

REVISÃO
Aline Sobreira

CAPA
Alberto Bittencourt (Sobre imagem The Stairs*,*
© Rodchenko, Aleksandr Mikhajlovich/
AUTVIS, Brasil, 2020.)

DIAGRAMAÇÃO
Guilherme Fagundes

Dados Internacionais de Catalogação na Publicação (CIP)
(Câmara Brasileira do Livro, SP, Brasil)

Safatle, Vladimir
  Maneiras de transformar mundos : Lacan, política e emancipação / Vladimir Safatle. -- 1. ed.; 1. reimp. -- Belo Horizonte : Autêntica, 2020.

  ISBN 978-65-86040-81-4

  1. Emancipação (Filosofia) 2. Filosofia 3. Lacan, Jacques, 1901-1981 - Crítica e interpretação 4. Psicanálise e filosofia 5. Ciência política I. Título.

20-37455   CDD-150.195

Índices para catálogo sistemático:
1. Lacan, Jacques : Psicanálise e filosofia :
Teorias psicanalíticas 150.195

Maria Alice Ferreira - Bibliotecária - CRB-8/7964

Belo Horizonte
Rua Carlos Turner, 420
Silveira . 31140-520
Belo Horizonte . MG
Tel.: (55 31) 3465 4500
www.grupoautentica.com.br

São Paulo
Av. Paulista, 2.073, Conjunto Nacional, Horsa I
23º andar . Conj. 2310-2312 Cerqueira César
01311-940 . São Paulo . SP
Tel.: (55 11) 3034 4468

Não há cosmonautas...
porque não há cosmos.

Jacques Lacan
ao então embaixador soviético,
que, ao que parece, discordou.

9 Introdução
O dia em que nossos dramas talvez serão menos confusos

33 Capítulo 1
Deixar vazio o lugar da autoridade

57 Capítulo 2
Um gozo para fora do capitalismo

91 Capítulo 3
Transferência, ou Quando os objetos agem em nós

119 Capítulo 4
Ato analítico e processo revolucionário

157 Conclusão

163 Bibliografia

171 Nota biográfica

Introdução

O dia em que nossos dramas talvez serão menos confusos

Que não me façam dizer que penso que a análise universal é a fonte da resolução de todas as antinomias, que se analisarmos todos os seres humanos não haverá mais guerras, lutas de classe. Digo formalmente o contrário. Tudo o que podemos pensar é que os dramas talvez fossem menos confusos.[1]

Essa foi a reposta dada por Lacan em uma entrevista para a revista *L'Express* a respeito de uma pergunta que envolvia as relações entre psicanálise e política. Há algo de bastante singular nessa resposta. Dizer que uma pretensa análise universal não eliminaria os conflitos e as contradições sociais é maneira de afirmar que problemas políticos pedem ações políticas, suas resoluções não serão encontradas em um divã. Por mais trivial que tal consideração possa parecer, ela tem seu valor. Pois se trata de insistir que a psicanálise não seria, em hipótese alguma, solidária de formas de psicologização do campo

---

[1] LACAN, Jacques. Entretien avec Madeleine Chapsal. *L'Express*, 31 maio 1957.

político, de redução de sua gramática e dinâmica à dimensão psicológica. Um pouco como vemos atualmente quando fenômenos sociais como ações violentas diretas são descritas como fruto de alguma pretensa e obscura "pulsão de morte", quando escolhas políticas são explicadas simplesmente a partir de uma gramática psicológica das emoções (ódio, ressentimento, raiva, medo) ou quando sujeitos sociais são tratados como portadores de demandas psicológicas de amparo, de cuidado, de empatia, entre tantos outros exemplos.

Que tenhamos isso em mente diante de um livro, como este, que se propõe a pensar a experiência clínica e intelectual de Jacques Lacan a partir de suas incidências no campo político. Pois, de fato, não descobriremos aqui alguém que estaria à procura de reduzir o campo do político ao psicológico, mesmo que vários textos de Lacan tenham claras consequências políticas, já que tratam da relação com a autoridade, da circulação social do desejo, das contradições imanentes às instituições sociais e seus processos de interpelação, do sofrimento psíquico produzido pelos limites da linguagem, da natureza das demandas de reconhecimento. Mas descobriremos alguém que compreende o valor e a função política de fazer da dimensão dramática da existência humana algo "menos confuso". Nesse contexto, "menos confuso" indica que a experiência analítica é solidária de uma forma específica de clarificação a respeito de certa dimensão agonística e dramática que nos atravessa e que marca o que procuramos realizar. Pois a psicanálise, principalmente essa defendida por Lacan, traz algo de fundamental a respeito do drama implicado em noções maiores para nossas lutas sociais, como liberdade, alienação, emancipação, alteridade, identidade. Ter uma compreensão "menos confusa" da dimensão dramática de tais noções é, em certas circunstâncias, um passo muito maior do que inicialmente poderíamos imaginar.

Por exemplo, nessa mesma entrevista, Lacan faz uma proposição que ele repetirá várias vezes e que recupera uma famosa afirmação de Freud:

> A psicanálise, na ordem humana, tem todas as características de subversão e de escândalo que o descentramento copernicano do mundo possa ter tido na ordem cósmica. A Terra, lugar de habitação do homem, não é mais o centro do mundo. Bem, a psicanálise anuncia que você não está no centro de você mesmo, pois há em você outro sujeito, o inconsciente.[2]

Se essa forma de dizer não é apenas uma metáfora poética, se o fato de termos em nós outro sujeito deve ser compreendido como a proposição subversiva e escandalosa trazida pela psicanálise, então será muito mais dramático entendermos o que podem ser liberdade e emancipação. O que pode significar "liberdade" quando a ideia de autopertencimento entra em colapso? Pois como falarmos em autopertencimento, em estar na jurisdição de si mesmo, se há em nós outro sujeito que nos descentra? O que pode significar "emancipação", se a própria noção de autonomia como autolegislação também entra em colapso, já que não é a consciência quem age, seja uma consciência individual, de classe ou histórica, pois o sujeito da ação efetiva é inconsciente? E como será nossa experiência política depois de tais colapsos que modificam profundamente o sentido da ação social?

Pois há de se estranhar como naturalizamos, de forma tão imediata, a ideia de que nossa liberdade se traduz em

---

[2] LACAN. Entretien avec Madeleine Chapsal.

experiências de autolegislação, de autogoverno, de autogestão. Até mesmo quando pensamos a liberdade, nós a pensamos sob a forma da submissão à lei, do assumir para si o papel de legislador. Seria isso realmente uma forma de liberdade? E se nos perguntarmos por que esse enunciar para si sua própria lei parece tão insuperável para nós, talvez sejamos obrigados a admitir que noções como "si mesmo", como "próprio" fundam um ideal de liberdade como autopertencimento. Um ideal que Lacan irá combater com todas as suas forças. O que não poderia ser diferente para alguém que dirá:

> Se formamos analistas, é para que haja sujeitos tais quais neles o Eu esteja ausente. É o ideal da análise que, é claro, permanece virtual. Nunca há um sujeito sem Eu, um sujeito plenamente realizado, mas é bem isso que sempre se deve tentar obter do sujeito em análise.[3]

Se o ideal de análise é que o Eu não seja fortalecido, reconstruído, adaptado, mas decomposto até o limite do possível, então, o que resta da ideia reguladora de "si próprio"? De toda forma, isso implica uma emancipação que não será pensada sob a forma da possessão de si e do exercício do próprio. Esse talvez seja o "drama" a respeito do qual Lacan espera que sejamos "menos confusos". O drama de uma era histórica que enfim compreendeu as ilusões de dominação e de disciplina que alimentam os usos que fazemos da categoria do "si próprio", de indivíduo. Uma era histórica que, por isso, precisa inventar, de forma completamente nova, o que devemos entender por emancipação.

---

[3] LACAN, Jacques. Le Séminaire, livre II: *Le Moi dans la théorie de Freud et dans la technique de la psychanalyse (1954-1955)*. Paris: Seuil, 1978, p. 287.

Lacan sabe que tal experiência é dramática, porque ela é sem referência anterior. Não será no passado que encontraremos sua forma, nem no presente. Ela é uma experiência dura, difícil. Lacan mesmo tentará pensar organizações, constituir instituições como associações de psicanalistas, escolas, e acabará por se confrontar com dificuldades insuperáveis que lhe levarão a dissolver tudo aquilo que ele próprio havia constituído. Mas sua fidelidade a tal drama talvez seja a maior contribuição política que ele nos deixou. Mais do que fidelidade a uma "causa", mais do que fidelidade a um "campo", mais do que fidelidade a um "nome", Lacan nos deixa a fidelidade a um drama. Pois uma verdadeira experiência intelectual não se mede pelas respostas que ela procura implementar, mas sim pelas questões que ela nos transmite. A verdadeira transmissão é sempre uma transmissão de problemas e impasses, nunca uma transmissão de respostas.

Um problema de reconhecimento

Neste livro, iremos discutir tais problemas através da apresentação de quatro eixos que nos permitirão, ao mesmo tempo, compreender melhor as implicações políticas da psicanálise lacaniana e acompanhar momentos importantes de seu processo histórico de formação. Esses eixos permitirão, ainda, entender melhor certas críticas a Lacan, que circulam atualmente em vários espaços, assim como traçar suas respostas possíveis. Cada um desses eixos será definido por um conceito central tanto para a clínica quanto para a política. São eles: identificação, gozo, transferência e ato. Eles são, se me permitem, *Os quatro conceitos fundamentais da política, segundo a psicanálise.*

Haveria também um quinto conceito fundamental para esse debate, a saber, reconhecimento. Esse é o conceito decisivo para a compreensão da especificidade da clínica lacaniana, isso a ponto de podermos dizer que uma de suas mais importantes contribuições foi redefinir as formas do sofrimento psíquico como múltiplas modalidades de déficit de reconhecimento. Ou seja, para Lacan, a especificidade do sofrimento psíquico vem do fato de ele mobilizar sintomas, inibições, angústias e reações corporais para expressar impossibilidades sociais de reconhecimento. Mas sabemos também como o conceito de reconhecimento tornou-se, nas últimas décadas, um dos operadores centrais de compreensão da natureza das lutas políticas.[4] A temática do reconhecimento será fundamental para o desenvolvimento de múltiplas práticas de autodeterminação de grupos, identidades e nacionalidades. No entanto, Lacan desenvolveu um conceito de reconhecimento absolutamente singular em relação aos usos hegemônicos que conhecemos atualmente. Trata-se de um *reconhecimento sem produção de identidade*, fundamentado em uma teoria do desejo cuja matriz nasce de uma alta-costura entre Hegel e Freud. Tal concepção tem forte capacidade de desestabilizar modos de compreensão das potencialidades imanentes a lutas políticas atuais, por abrir espaço a uma política radicalmente pós-identitária e não fundada em demandas de reconhecimento de predicados da pessoa individualizada.

---

[4] Ver, por exemplo: TAYLOR, Charles (Ed.). Multiculturalism. Princeton: Princeton University Press, 1994; FRASER, Nancy. *Qu'est-ce que c'est la justice sociale: reconnaissance et redistribution*. Paris: La Découverte, 2011; FRASER, Nancy; HONNETH, Axel. *Redistribution or Recognition*. New York: Verso, 2003; HONNETH, Axel. *Luta por reconhecimento: a gramática moral dos conflitos sociais*. São Paulo: Editora 34, 2003.

Notemos como Lacan chegará a tal conceito. Ainda como estudante de Psiquiatria, ele irá se associar ao programa de uma "psicologia concreta", proposto pelo filósofo marxista Georges Politzer.[5] Tratava-se assim de aplicar os princípios de certo materialismo histórico aos fatos da subjetividade ao compreendê-los como portadores de um sentido a ser procurado através da reconstrução da história material do desejo e de seus conflitos. Com essa ideia em mente, ele escreverá sua tese,[6] que décadas depois se tornará uma referência maior para psiquiatras envolvidos na psicoterapia institucional (François Tosquelles) e na etnopsiquiatria (Frantz Fanon).[7]

Tomando a paranoia como seu horizonte de reflexão, Lacan baseava sua análise em uma noção relativamente comum à época, que atribuía a gênese da doença a um problema evolutivo da personalidade. Mas, no seu caso, isso lhe permitia insistir que apenas a compreensão do *processo de formação* da personalidade poderia fornecer a inteligibilidade da psicose paranoica. Falar em formação da personalidade significa falar sobre dinâmicas de socialização visando à individuação. Forma-se a personalidade através da socialização do indivíduo no interior de núcleos de interação como a família, as instituições

---

[5] POLITZER, Georges. *Critique des fondements de la psychologie*. Paris: PUF, 2003.

[6] LACAN, Jacques. *De la psychose paranoïaque dans ses rapports avec la personnalité*. Paris: Seuil, 2015.

[7] Fanon discutirá a tese de doutorado de Lacan em sua própria tese de conclusão do curso de Medicina. Ver FANON, Frantz. Alterações mentais, modificações de caráter, distúrbios psíquicos e déficit intelectual na heredodegeneração espinocerebelar: um caso de doença de Friedreich com delírio de possessão. *In: Alienação e liberdade: escritos psiquiátricos*. São Paulo: Ubu, 2020, p. 295-384.

sociais, o Estado. Tal processo de socialização implica certa *gênese social da personalidade*, que, segundo Lacan, deve servir de horizonte para a compreensão de patologias que se manifestam no comportamento. O que não significa negar as bases orgânicas da doença, mas insistir em um domínio de causalidade vinculado àquilo que Lacan chama à época de "história vivida do sujeito" ou, ainda, "história psíquica".

Logo após a publicação de sua tese, em 1932, Lacan começará uma análise didática com Rudolph Loewenstein a fim de se tornar psicanalista, e seguirá assiduamente os seminários de Alexandre Kojève sobre a *Fenomenologia do espírito*, de Hegel. A análise nunca terminará, sendo interrompida contra a exigência do próprio analista. Já a relação com Kojève será seu verdadeiro espaço de formação, isso a ponto de Lacan chamá-lo mais tarde de "mestre".

O comunista Kojève, que à época via o fim da história hegeliano na constituição do Estado soviético stalinista, havia transformado a luta por reconhecimento presente na dialética do senhor e do escravo em uma luta de reconhecimento do desejo (*Begierde*) que marcará a antropogênese da vida social. No entanto, esse desejo não será caracterizado pela enunciação de determinações específicas, pela eleição de objetos particulares, pela afirmação de atributos próprios à individualidade. Antes, tratava-se de uma experiência de negatividade. Para Kojève, a verdade do desejo era ser "revelação de um vazio",[8] ou seja, pura negatividade que transcendia toda aderência natural. Um estranho desejo incapaz de se satisfazer com objetos empíricos e arrancado de toda possibilidade imediata de

---

[8] KOJÈVE, Alexandre. *Introduction à la lecture de Hegel*. Paris: Gallimard, 1943. p. 12.

realização fenomenal. Desejo de "nada de nomeável",[9] dirá mais tarde Lacan.

Dessa forma, a história material do desejo que animava o jovem Lacan se tornará uma história dos impasses de reconhecimento do desejo em sua dimensão eminentemente negativa. Como se Lacan estivesse a dizer que, em última instância, sofremos por não sabermos como lidar com a dimensão negativa de nosso desejo, com seu caráter indeterminado, com sua recusa à descrição e à nomeação, com sua recusa a se determinar sob a forma de um objeto que se submete aos modos específicos de presença próprios à consciência. Como dirá Lacan, com uma ponta de nostalgia: "Os antigos colocavam o acento sobre a própria tendência, enquanto nós, nós a colocamos sobre seu objeto [...] nós reduzimos o valor da manifestação da tendência e exigimos o suporte do objeto, devido aos traços prevalentes do objeto".[10]

Nos anos 1970, Deleuze e Guattari verão nessa concepção de desejo como negatividade o fundamento da sujeição psíquica no capitalismo, já que se trataria de submeter a produtividade do desejo a uma espécie de teologia negativa que só poderia produzir uma certa moral da resignação infinita, uma retórica da perpetuação da falta, da finitude absoluta. Segundo Deleuze e Guattari, "não falta nada ao desejo, não há objeto que lhe falte".[11] Ele é antes a manifestação produtiva de uma vida em expansão. É no interior do capitalismo que o desejo se reduz à falta de um objeto nunca

---

[9] LACAN. *Le Séminaire, livre II*, p. 268.

[10] LACAN, Jacques. *Le Séminaire, livre VII: L'ethique de la psychanalyse*. Paris: Seuil, 1986. p. 117.

[11] DELEUZE, Gilles; GUATTARI, Félix. *L'anti-Œdipe*. Paris: Minuit, 1972. p. 34.

encontrado, à repetição de um teatro da inadequação, pois se trata de quebrar sua força transformadora através da submissão melancólica à incompletude paralisante.

Décadas depois, no início dos anos 1990, Judith Butler continuará essa crítica por outras vias, falando do desejo lacaniano como "a idealização religiosa da falta",[12] que impediria a compreensão das estratégias subversivas mobilizadas contra as estruturas disciplinares da vida social. Tal idealização religiosa apenas perpetuaria a nossa dependência em relação a disposições normativas que estarão sempre em falta.

Tais críticas importantes infelizmente desconsideram a força transformadora da maneira lacaniana de articular reconhecimento e negatividade. Podemos mesmo dizer haver um equívoco fundamental de setores importantes da filosofia e da política contemporânea a respeito do que realmente significa a atividade negativa. Pois, longe de ser uma figura moral da resignação diante do não realizado, longe de ser o mantra de um culto teológico à impossibilidade, a negatividade em Lacan é forma de não esmagar a possibilidade no interior das figuras disponíveis das determinações presentes ou, e esse é o ponto talvez mais importante, no interior de qualquer presente futuro que se coloque como promessa. Ou seja, a possibilidade não é apenas mera possibilidade que aparece como ideal irrealizado. Ela é a latência do existente que nos esclarece de onde a existência retira sua força para se mover. Se tal latência deve ser compreendida como negatividade, é porque ela pede a desintegração

---

[12] BUTLER, Judith. *Problemas de gênero.* Rio de Janeiro: Jorge Zahar, 2001 ou, sobretudo, BUTLER, Judith; LACLAU, Ernesto; ŽIŽEK, Slavoj; *Contigency, hegemony, solidarity.* Londres: Verso, 2000.

do que se sedimentou ou do que procura se sedimentar como presença socialmente avalizada.

Nesse sentido, deveríamos ser mais atentos ao fato de que, no exato momento em que as sociedades europeias se deixavam encantar com o mantra do "bem-estar social", com o mantra do modelo perfeito de gestão através da integração da classe trabalhadora aos ditames de um capitalismo de Estado regulado tendo em vista retirar a visibilidade da pauperização,[13] vemos o aparecimento de uma clínica que insiste exatamente na não integração, na não nomeação e na irredutibilidade do mal-estar. Essa clínica não pode ser abstraída de uma reflexão política sobre o destino das experiências de singularidade em um horizonte social de máxima integração como o nosso. Ela compreende a despersonalização, a invisibilidade e a desintegração não apenas como expressões de sofrimentos psíquicos a serem tratados, mas também como figuras sociais de recusa, tendo em vista a constituição de outras formas de existência. Isso nos abre horizontes renovados para pensarmos políticas de reconhecimento.

Se este livro não traz uma reflexão sistemática sobre o conceito lacaniano de reconhecimento, é simplesmente porque essa questão já foi objeto de análises da minha parte em, ao menos, outros dois livros: *A paixão do negativo: Lacan e a dialética* (Unesp, 2006) e *Grande Hotel Abismo: por uma reconstrução da teoria do reconhecimento* (Martins Fontes, 2012). Nesses dois trabalhos precedentes não foi apenas o caso de expor a estrutura dos usos do

---

[13] Ver, a esse respeito, POLLOCK, Friedrich. State Capitalism: Its Possibilities and Limitations. *In*: ARATO, Andrew; GEBHARDT, Eike (Ed.). *The Essential Frankfurt School Reader*. New York: Continuum, 1983. p. 71-93.

conceito de reconhecimento na clínica lacaniana, mas também de inscrevê-lo no interior de uma tradição dialética que nos obriga a pensar de outra forma a problemática do reconhecimento legada a nós principalmente por Hegel, para além do horizonte antropológico normativo imposto pelas leituras impulsionadas pela terceira geração da Escola de Frankfurt. Nesse sentido, um terceiro livro, *O circuito dos afetos: corpos políticos, desamparo e o fim do indivíduo* (Autêntica, 2016), tinha ainda por objetivo expor críticas a conceitos alternativos de reconhecimento (como o presente em Axel Honneth) para que uma noção antipredicativa de reconhecimento (de forte inspiração lacaniana) pudesse mostrar sua força política. Não se trata assim de retornar a esse debate. Prefiro remeter o leitor aos livros em questão, pois eu simplesmente acabaria por repetir o que já havia dito.

Produzindo sujeitos, destituindo sujeitos

Sendo assim, o primeiro eixo de nossas discussões será dado pelo conceito de *identificação*. Trata-se certamente do conceito psicanalítico mais importante para a compreensão do campo político, isso ao menos desde *Psicologia das massas e análise do eu*, de Freud: um livro que procura descrever processos de produção de coesão social através, principalmente, das dinâmicas libidinais presentes nas relações verticais à autoridade.

Durante os anos 1930, Lacan publica poucos textos. Dentre eles, o mais importante é certamente "Os complexos familiares", de 1938. Depois, ele só voltará a publicar após o final da Segunda Guerra, quando aparecem dois textos importantes, a saber: "Proposição sobre a causalidade psíquica" e "A psiquiatria inglesa e a guerra". O primeiro e o terceiro textos compõem um quadro de reflexões que mostra como as consequências psíquicas da decomposição da ordem patriarcal era um problema fundamental para Lacan. Ele compreende que tal decomposição pode provocar tentativas regressivas e autoritárias de compensação social. Mas ela também pode impulsionar a vida social à reconstrução de suas relações de incorporação. Tais reflexões de Lacan devem ser compreendidas no interior de um quadro mais amplo. Pois, no momento em que o mundo se deparava com a ascensão do fascismo, vemos a publicação de estudos importantes que procurarão mobilizar a psicanálise para dar conta das dinâmicas de regressão social.[14] Tais estudos tendem a convergir na defesa do fascismo como uma estrutura da personalidade marcada pela rigidez, pela estereotipia, pela defesa fóbica de seus limites e sua identidade, de onde se segue a denúncia da natureza autoritária da família burguesa, da repressão sexual e da autoridade patriarcal em crise de legitimidade. O fascismo aparece assim não apenas como um fenômeno histórico, mas também como o fruto das contradições imanentes aos processos "normais" de socialização.

À sua maneira, os trabalhos de Lacan desse período podem ser lidos sob tal pano de fundo. Eles colocam em cena um diagnóstico social que insiste em como a experiência histórica da decomposição da ordem patriarcal, tópico presente em vários trabalhos dos anos 1930, explicita a natureza agressiva e violenta do Eu como unidade sintética.

---

[14] Apenas no início dos anos 1930, teremos: FROMM, Erich. *Arbeiter und Angestelle am Vorabend des Dritten Reiches*. Stuttgart: Deutsche Verlags-Anstalt, 1980; REICH, Wilhelm. *Psicologia das massas do fascismo*. São Paulo: Martins Fontes, 2015; BATAILLE, Georges. *La structure psychologique du fascisme*. Paris: Nouvelles Editions Ligne, 2008; e HORKHEIMER, Max. Autoridade e familia. *In: Teoria crítica I*. São Paulo: Perspectiva, 2000.

Em Lacan, o Eu aparecerá sempre como incapaz de operar mediações com a alteridade e a diferença, como caracterizado pela rigidez, pela estaticidade, por uma concepção defensiva de identidade. Daí por que suas relações serão sempre marcadas pela agressividade, pelas formas imaginárias do conflito e pela redução narcísica do outro. Isso quando o Eu não procurar compensar sua fragilidade através da identificação com representações de poder que serão a duplicação narcísica de si, acrescida da fantasmagoria da onipotência. Difícil não perceber que é a experiência do fascismo que leva Lacan a constituir tal teoria do Eu e a posteriormente recusar toda tentativa de fundar a clínica analítica em alguma tarefa de fortalecimento do Eu, como ele via na *ego psychology* hegemônica à época.

Contra isso, Lacan insistirá na importância de produzir certa forma de experiência social do vazio do lugar do poder. Nossas sociedades não seriam mais patriarcais, elas não seriam mais marcadas por identificações paternas, mas por identificações narcísicas, com toda a agressividade que ela comporta. Como se vivêssemos em uma sociedade na qual os pais estão mortos, mas não o sabem. Caberia à psicanálise mostrar como o único pai possível é, ao contrário, um pai morto que se afirma enquanto tal. Maneira de tirar as consequências emancipadoras da decomposição da ordem patriarcal.

À sua maneira, Lacan tentará expor tal teoria em seu texto de 1947 "A psiquiatria inglesa e a guerra", no qual saúda o experimento dos psicanalistas Bion e Rickman a respeito de grupos sem chefe.[15] Em uma era de declínio da imago paterna e de consolidação de reações fascistas a

---

[15] BION, Wilfred. *Experiences in Groups and Others Papers*. New York: Routledge, 2000.

tal mutação na estrutura da autoridade, sua aposta inicial parece caminhar em direção à possibilidade de constituição de laços sociais a partir da identificação simbólica a um lugar vazio do poder, a uma identificação que preserva a distância em relação às projeções e duplicações do Eu. Algo que de certa forma nos envia, entre outros, a um filósofo político leitor de Lacan, a saber, Claude Lefort. O mesmo Lefort que tentará desenvolver uma teoria da democracia a partir de uma apropriação de aspectos importantes da teria lacaniana. Daí afirmações como:

> A legitimidade do poder funda-se sobre o povo; mas à imagem da soberania popular se junta a de um lugar vazio, impossível de ser ocupado, de tal modo que os que exercem a autoridade pública não poderiam pretender apropriar-se dela. A democracia alia estes dois princípios aparentemente contraditórios: um, de que o poder emana do povo; outro, que esse poder não é de ninguém.[16]

Ou seja, as identificações no campo social, se não quiserem abrir espaço a regressões autoritárias, deveriam saber se guiar pela explicitação do lugar vazio simbólico do poder com suas consequências pretensamente apaziguadoras para os conflitos sociais. Pois o fascismo não suportaria o vazio.

No entanto, a teoria lacaniana irá se complexificar, principalmente a partir do momento em que Lacan tiver diante de si tarefas concretas de organização. No início dos anos 1960, Lacan estará às voltas com a fundação de uma escola que visava reagrupar, sob seu nome, uma nova geração de psicanalistas. Uma escola na qual, de forma sintomática, o lugar do poder não estava exatamente vazio, mas

---

[16] LEFORT, Claude. *A invenção democrática*. Belo Horizonte: Autêntica, 2011. p. 92.

ocupado pelo próprio Jacques Lacan. Não por acaso, será nesse momento que Lacan produzirá suas elaborações mais originais e sistemáticas sobre um fenômeno fundamental, ao mesmo tempo, para a clínica e para toda e qualquer organização de grupo, a saber, a transferência: outro eixo para nosso debate sobre psicanálise e política.

Os dois eixos fundamentais da técnica psicanalítica são a interpretação e a transferência. A transferência nasce da consciência de que a relação médico-paciente é uma relação marcada por fenômenos de sugestão, influência e poder com força de operar transformações clínicas.[17] Mas, em vez de reforçar tais relações de poder, a psicanálise compreende que há uma força terapêutica na decomposição das relações de autoridade, no desvelamento de seus mecanismos de funcionamento. Por isso, a liquidação da transferência é uma espécie de destituição de poder e de seus enraizamentos psíquicos que só pode levar a uma verdadeira experiência de emancipação. A base de nossa emancipação sempre esteve na compreensão clara dos nossos mecanismos de sujeição. Ou seja, as formas de destituição de poder aparecem como condição fundamental para uma prática da emancipação.

Lacan compreende tal processo através do desvelamento de que somos causados por algo que nunca nos será idêntico, que nunca será objeto de um domínio. Como se agora fosse necessário revelar, no cerne do poder, mais do que um lugar vazio. Revelar a presença de um corpo estranho, irredutivelmente desidêntico e inassimilável. Algo com o qual nunca poderemos nos identificar sem sermos destituídos de nossa posição de mestria e domínio.

---

[17] Ver, por exemplo, FOUCAULT, Michel. *Le pouvoir psychiatrique*. Paris: Seuil, 2003.

A força do poder sempre esteve baseada em uma ilusão fundamental: a ilusão de que entre o poder e seus sujeitos há uma profunda relação de identidade: o mesmo povo, a mesma nação, cidadãos e cidadãs do mesmo Estado, a mesma história, os mesmos valores. Todos conhecem bem a força dessa gramática. É ela que será arruinada por Lacan.[18] Isso exige, como veremos, algo distinto dessa teoria anterior dos efeitos pacificadores do reconhecimento do lugar vazio do poder. Isso exigirá uma teoria de corpos políticos desidênticos.

Uma economia libidinal do capitalismo

O terceiro eixo deste livro se dará através do conceito de *gozo*. No começo dos anos 1960, Lacan introduz em sua teoria dois conceitos que serão fundamentais para a compreensão das consequências políticas da prática psicanalítica, a saber: gozo e objeto *a*. Isso a ponto de Lacan afirmar:

> Essas indicações são absolutamente essenciais a serem feitas no momento em que, falando do avesso da psicanálise, a questão se coloca do lugar da psicanálise na política. A intrusão na política só pode ser feita reconhecendo que só há discurso, e não apenas analítico, de gozo, ao menos quando se espera o trabalho da verdade.[19]

---

[18] É Freud quem abre o caminho dessa ruína com seu *Moisés e a religião monoteísta* (Autêntica, 2019). Esse livro deve ser lido como a resposta freudiana contra o fascismo. Na aurora da Segunda Guerra, Freud indica a possibilidade de emergência de incorporações sociais sem identidades, de encarnações sem especularidade. Ver, a esse respeito, SAFATLE, Vladimir. *O circuito dos afetos*. Belo Horizonte: Autêntica, 2016.

[19] LACAN, Jacques. *Le Séminaire, livre XVII: L'envers de la psychanalyse*. Paris: Seuil, 1991. p. 90.

Ao insistir que há um trabalho da verdade que se produz a partir do momento em que o campo do político é interrogado nos seus modos de produção de gozo, Lacan retomava certa tradição crítica cujas raízes devem ser procuradas não apenas em Freud, mas principalmente em Georges Bataille.[20] Vem de Bataille a crítica do capitalismo como sociedade baseada nos princípios utilitaristas de maximização do prazer e de afastamento do desprazer. O sujeito no capitalismo é o agente maximizador de interesse e de prazer.[21] Em Bataille, tal tópica servia para lembrar que o capitalismo deveria procurar eliminar do horizonte da vida social todos esses fatos totais que não poderiam ser pensados através da estrutura calculadora do prazer, em especial o erotismo e o sagrado. Pois sagrado e erotismo seriam fatos sociais motivados pelo gozo, não pelo prazer. Ou seja, o capitalismo desconheceria o gozo por submeter todo processo de satisfação à dinâmica de maximização de interesses.

Essa distinção entre prazer e gozo será transposta para o interior da teoria psicanalítica por Lacan, principalmente a partir de *O Seminário, livro 7*, sobre a ética da psicanálise. Na ocasião, Lacan fará uma importante elaboração a respeito da experiência analítica como uma prática dirigida por uma ética que, no entanto, não promete forma alguma de adaptação possível entre virtudes privadas e virtudes públicas nas condições atuais. "Não há razão alguma para

---

[20] Ver, sobretudo, BATAILLE, Georges. *O erotismo*. Belo Horizonte: Autêntica, 2013.

[21] Sobre o lugar da maximização do interesse na aurora da racionalidade capitalista, ver HIRSCHMAN, Albert. *A paixão e seus interesses: argumentos a favor do capitalismo antes do seu triunfo*. São Paulo: Paz e Terra, 1979.

sermos os fiadores dos devaneios burgueses."[22] Nas condições atuais, a realização do gozo só pode se dar de forma disruptiva em relação às exigências de autoconservação dos indivíduos. No entanto, ele é abertura para a possibilidade de realização de ações que não se meçam mais ao princípio do prazer. Dessa forma, a existência de um para além do princípio do prazer ganha em Lacan uma dimensão ética e política que não existia em Freud. Notemos a especificidade desse modelo de crítica social. O capitalismo continua sendo abordado pela via do sofrimento social de alienação que ele provoca, algo que encontramos de forma clara em Marx.[23] Mas essa alienação é abordada sobretudo a partir do destino do desejo no interior da vida social. É o problema da produção de singularidades devido aos mecanismos sociais de conformação normativa do desejo que ganha a cena principal da crítica. Inflexão da crítica que é, certamente, uma das contribuições fundamentais da psicanálise.[24]

Essa crença na força disruptiva de experiências de gozo, no entanto, será complexificada. Pois ela terá de lidar com uma economia libidinal própria ao capitalismo, que não se baseia apenas na repressão do gozo e na afirmação

---

[22] LACAN. *Le Séminaire, livre XVII*, p. 350.

[23] Nesse sentido, discordo frontalmente da pertinência de "cortes epistemológicos" que compreendem a temática da alienação como relevante apenas para o jovem Marx. Não é por outra razão que tais leituras precisam simplesmente jogar fora o primeiro capítulo de *O capital*, onde a temática da alienação está presente como teoria geral da reificação social.

[24] Isso não significa desconsideração da alienação no trabalho como eixo fundamental da crítica. Muitos dos leitores de Lacan tentarão desenvolver dispositivos clínicos baseados na reorientação da organização social do trabalho. Ver, por exemplo, TOSQUELLES, François. *Le travail thérapéutique en psychiatrie*. Paris: Érès, 2013.

de formas moderadas de prazer, mas também na espoliação do gozo no interior de uma lógica de reprodução de sua desmedida. O capitalismo não apenas codifica nossos desejos, ele também nos espolia de nosso gozo. Ou seja, contrariamente a Bataille, Lacan insistirá que o gozo não é apenas um conceito capaz de fundar uma crítica do capitalismo. Ele é também um conceito que explica as dinâmicas internas à adesão social sob o próprio capitalismo, o que complexifica tudo em demasia. Com isso, Lacan cria uma teoria da economia libidinal do capitalismo na qual os processos de socialização não serão mais pensados sob a forma da repressão, mas da incitação contábil, da eliminação da força disruptiva do gozo através da sua própria colonização.[25] Contra isso, Lacan tentará mobilizar a força do inexistente e do impossível. Ele falará de um gozo impossível, gozo que nos faz passar da impotência ao impossível e que não terá a estrutura fálica que é constituinte das formas de gozo sob o capitalismo. Um gozo que feminiza todos os sujeitos.

Essa discussão a respeito de um gozo que nos empurra para fora do capitalismo e de seus regimes de sexuação pode nos orientar de outra forma no debate a respeito das críticas ao pretenso "falocentrismo" e ao "binarismo" insuperáveis de Lacan, vindas tanto da filosofia quanto do feminismo.[26] Lacan compreende muito claramente a relação entre capitalismo e estrutura de gênero. Ele tem consciência

---

[25] A sua maneira, Lacan fala de um etos não repressivo do capitalismo que podemos encontrar, por exemplo, em: BOLTANSKI, Luc; CHIAPELLO, Eve. *O novo espírito do capitalismo*. São Paulo: Martins Fontes, 2010.

[26] DERRIDA, Jacques. *La carte postale: de Socrate à Freud et au delà*. Paris: Flammarion, 2004; IRIGARAY, Luce. *Speculum de l'autre femme*. Paris: Minuit, 1974. DAVID-MÉNARD, Monique. *Les constructions de l'universel: psychanalyse, philosophie*. Paris: PUF, 2009; BRAIDOTTI, Rose.

de que o capitalismo enquanto forma de vida assenta-se, entre outras coisas, na submissão do gozo a uma forma geral de inscrição, uma forma fálica. Mas isso deveria nos lembrar de como a crítica ao "binarismo" não funciona contra Lacan. Sua posição é, na verdade, "monista". Há apenas um gênero (o masculino), e a mulher (mesmo como gênero) não existe. Nesse ponto, teríamos ganhos políticos importantes se compreendêssemos melhor a função dos inexistentes e dos impossíveis em Lacan. Impossível é aquilo que, do ponto de vista da situação atual, não tem como existir, não tem como se inscrever. Por isso, é aquilo que força a situação atual a se transformar radicalmente, força uma ruptura de estrutura. Tudo o que é decisivo para nós um dia foi impossível. Como veremos, os críticos de Lacan deveriam levar isso mais em conta se quiserem entender a real potência política de sua prática e teoria.

Uma teoria da emergência de sujeitos

Essa concepção de ruptura pressuposta pela experiência intelectual e clínica lacaniana pode nos levar ao último conceito fundamental para pensarmos as relações entre psicanálise e política, a saber: *ato analítico*. Como disse anteriormente, a psicanálise conhece dois dispositivos fundamentais de intervenção: a interpretação e a transferência. Em Lacan, a interpretação tende a ser substituída pela noção de ato. Ou seja, em vez de uma prática que se orienta pela reorganização simbólica das produções do inconsciente através da mobilização de interpretações normalmente baseadas no complexo de Édipo e na teoria da

---

Nomadic Subjects: Embodiment and Sexual Difference in Contemporary Feminist Theory. New York: Columbia University Press, 2011.

sexualidade infantil, encontraremos em Lacan uma prática que privilegia atos performativos que rompem estruturas e produzem realidades até então inexistentes. Nesse horizonte, a psicanálise procura pensar as condições de transformações subjetivas capazes de trazer uma agência que não é completamente coordenada pela estrutura. Daí por que: "se eu posso aqui caminhar falando a vocês, isso não é um ato, mas se um dia ultrapasso um certo solo no qual coloco-me fora da lei, nesse dia minha motricidade terá valor de ato".[27] No que se percebe como há uma suspensão da estrutura, um espaço fora da Lei, que é constitutiva da noção de ato analítico.

Notemos a importância dessa discussão sobre o ato analítico para o campo político. Em maio de 1968, os estudantes escrevem nos muros de Paris: "as estruturas não descem às ruas". Essa era uma maneira de dizer que as formas da revolta social mostravam a inanidade de teorias incapazes de dar espaço a uma agência emancipada que não seria, à sua maneira, reiteração das posições previamente normatizadas por uma estrutura metaestável. A resposta de Lacan será: "se há algo que a revolta estudantil mostrou foi a descida às ruas da estrutura". Ou seja, havia para Lacan algo de reiteração de posições na revolta estudantil, de impossibilidade de produção de rupturas efetivas. Não será a primeira vez que Lacan insistirá que a revolta estudantil não seria um ato, seria um *acting out*, já que lhe faltaria, no fundo, a capacidade de emergência de novos sujeitos políticos. "O que vocês aspiram como revolucionários é a um mestre", dirá Lacan

---

[27] LACAN, Jacques. *Le Séminaire, livre XV: L'acte psychanalytique*. Paris, 1967-1968. Inédito. Sessão de 15 de novembro de 1967.

aos estudantes, "vocês o terão".[28] Maneira de insistir que as demandas políticas teriam dois destinos possíveis: ou ficar na posição de ter de se garantir graças à presença de um poder questionado que deve continuar no mesmo lugar para poder ser continuamente exigido e questionado, ou permitir a incorporação dos sujeitos na estrutura do próprio saber questionado. Nos dois casos, há uma adesão da resistência à gramática que deveríamos combater, à sua forma de organização do saber, de inscrição e reconhecimento de sujeitos. Mas o que haveria no ato analítico que demonstraria o impasse das ações de revolta? Veremos como o ato representa uma ruptura gramatical, a mais difícil de todas, pois ruptura das relações de saber/poder, ruptura com a concepção do que entendemos por "poder" em sua relação à dominação, em suas relações de pertencimento e de identidade, entre voluntário e involuntário, entre "pessoa" e "ação". Como se Lacan estivesse a dizer que processos globais de transformação exigem uma transformação da gramática do "si próprio" normalmente esquecida pelas dinâmicas revolucionárias. Como já se disse em outras paragens, há um devir revolucionário dos sujeitos que é o elemento decisivo para transformações globais. Para realmente agir, preciso sair das redes de descrição do poder, invisibilizar-me diante dos dispositivos de visibilidade e determinação do poder social, explodir os nomes, decompor os lugares.

Se quisermos entender melhor a dinâmica desses atos, Lacan nos sugere escutar um poema que, segundo ele, fornece "a fórmula do ato". Essa fórmula encontra-se enunciada

---

[28] LACAN. *Le Séminaire, livre XVII*, p. 239.

em um poema de Rimbaud chamado "A uma razão". Que fiquemos então com a ressonância de suas figuras:

Um bater de seu dedo contra o tambor descarrega
todos os sons e começa a nova harmonia.
Um passo seu é o levante de novos homens
E seus em-marcha.
Tua cabeça se vira: o novo amor!
Tua cabeça se volta: o novo amor!
"Mude nossos destinos, alveje as pragas, a começar pelo tempo", cantam-te essas crianças. "Cultiva não importa onde a substância de nossas fortunas e desejos", te suplicam.
Vinda de sempre, quem irá contigo por toda parte.

Essa é a verdadeira política da psicanálise. Esse é o resultado de nossos dramas ficarem menos confusos.

Capítulo 1
Deixar vazio o lugar da autoridade

Nada terá tido lugar a não ser o lugar.
Mallarmé

É certo que o conceito central para compreendermos a maneira como a psicanálise pensa a política e suas possibilidades de transformação é "identificação". Desde *Psicologia das massas e análise do Eu*, de Freud, a psicanálise procura pensar os vínculos sociais e suas dinâmicas como vínculos de identificação. Essa é uma maneira de dizer que as relações de poder são necessariamente produtoras de sujeitos. Pois identificar-me é "fazer como", assumir para mim uma forma exterior que me constitui, que me conforma e define os caminhos de meu desenvolvimento. Agir no interior da vida social a partir de normas, regras, comportamentos não é simplesmente uma questão de aprendizado, mas também de produção de si. Eu não irei apenas copiar modelos ideais, eu irei internalizá-los, constituir minha "interioridade" e "personalidade" a partir deles.[29] Ou seja, eu me identificarei com eles.

---

[29] "Bem diferente da imitação que distingue sua forma de aproximação parcial e incerta, a identificação a ela se opõe não apenas como a assimilação global de uma estrutura, mas como a assimilação virtual do desenvolvimento que tal estrutura implica ainda no estado indiferenciado" (LACAN, Jacques. *Écrits*. Paris: Seuil, 1966, p. 88).

Foi tendo em vista tal realidade que Lacan insistirá em tirar todas as consequências clínicas da natureza social do Eu e de sua estrutura de personalidade. Mas sua maneira de compreender o caráter produtivo das relações de identificação o levará a definir o Eu simplesmente como um espaço de alienação. Ou seja, aquilo que aparece a nós como o lugar natural de nossa individualidade, o cerne de individuações baseadas no uso extensivo da primeira pessoa do singular, seria na verdade o fundamento de nossa alienação. Uma proposição dessa natureza é totalmente inesperada para um psicanalista. Lacan está a dizer que a cura analítica não passa pelo fortalecimento do Eu como instância de mediação e de controle, não passa pelo fortalecimento da unidade sintética da personalidade como horizonte de autonomia. Na verdade, para Lacan, a possibilidade de vincular a clínica a processos de emancipação passará por estratégias de decomposição do Eu, para que outra forma de experiência de si e de agência possa emergir. A emancipação não aparece assim como a possibilidade de constituir uma individualidade almejada, como a possibilidade de ser um Eu, mas como a emancipação *em relação* ao Eu, a seus sistemas de resistência, em relação a sua condição de sintoma privilegiado, de ideologia privada. As palavras não poderiam ser mais claras: "O paciente é prisioneiro de seu ego, no grau exato que causa seu desamparo e revela sua função absurda".[30] Por isso, trata-se de pensar a emancipação como uma "experiência no limite da despersonalização".[31]

---

[30] LACAN, Jacques. *Some Reflections About the Ego*. Inédito.

[31] LACAN, Jacques. *Le Séminaire, livre I: Écrits techniques*. Paris: Seuil, 1980. p. 258.

Uma personalidade autoritária

Há várias razões para tal proposição, mas gostaria de insistir em uma razão de ordem histórica. Ela ficará mais clara se nos perguntarmos quais são as características do Eu, segundo Lacan. Pois, se formos a seus textos, veremos como o Eu é normalmente caracterizado por quatro atributos fundamentais, a saber: agressividade, narcisismo, estrutura paranoica e desconhecimento. Ou seja, o resultado principal dos processos de identificação e socialização é a produção de uma instância de violência, externa e interna, uma estrutura rígida e marcada por profundas relações de resistência.

Lembremos como, para Lacan, há uma rigidez própria ao Eu que o leva a falar de certa "estagnação formal",[32] chegando a compará-lo à figura de atores congelados em um *frame* de filme ou mesmo a uma "estátua".[33] Isso quer dizer que sua identidade é necessariamente rígida, como uma "fortaleza"[34] acossada, presa em uma imagem que parece estar a todo momento a ponto de ser invadida por outro. Uma fortaleza assombrada por desejos de imunização.[35]

Esse é um ponto importante, a saber, a identidade do Eu não aparece para Lacan como uma estrutura dinâmica, mas sim como uma estrutura estática e defensiva. Por isso, sua identidade será sempre produzida e afirmada através da violência reiterada contra todo outro, contra toda alteridade. Tal violência faz-se necessária porque, para constituir

---

[32] LACAN. *Écrits*, p. 111.

[33] LACAN. *Écrits*, p. 251.

[34] LACAN. *Écrits*, p. 97.

[35] Sobre a importância do tópico da imunidade em política, ver ESPOSITO, Roberto. *Immunitas*. Roma: Einaudi, 2002.

a ilusão de sua independência, o Eu precisa desconhecer sua origem. Ele precisa a todo momento negar que resulta de identificações a outros na posição de tipo ideal. Trata-se de negar como sou fruto de uma miríade de outros que internalizei a fim de me constituir como instância de autorreferência, desde a mais tenra infância. Nesse sentido, o Eu será mais agressivo contra aqueles que, de certa forma, a ele se assemelham. O que explica por que outra de suas características fundamentais seja o narcisismo.[36]

Falamos nesse contexto em narcisismo porque a relação do Eu ao mundo é projetiva, e essa projeção é negada. O Eu procura constituir o mundo à sua imagem e semelhança. Para tanto, ele se serve principalmente da projeção, mecanismo constituinte da paranoia e de suas estruturas de delírios e alucinações. Por outro lado, a relação a si é introjetiva, ela é fruto de introjeções igualmente negadas. Por isso, Lacan falará do "conhecimento paranoico" próprio ao Eu do indivíduo moderno, já que essas estruturas delirantes de projeções e introjeções negadas são um traço constituinte da paranoia. Segue daí ainda todas as formas paranoicas de permitir o retorno das relações de identificação e constituição que foram negadas, como a perseguição, a invasão, a imunização, entre tantas outras formas de delírio e alucinação. Ou seja, tudo se passa como se houvesse uma psicose generalizada resultante do funcionamento normal dos processos de socialização do desejo. De onde se segue a recusa em se servir da adequação à realidade social como horizonte regulador de adaptação e normalidade.

---

[36] Sobre o narcisismo como categoria clínica, ver DUNKER, Christian; SILVA JÚNIOR, Nelson; SAFATLE, Vladimir. *Patologias do social: arqueologias do sofrimento psíquico*. Belo Horizonte: Autêntica, 2018.

Isso arruína toda pretensão do Eu a ser fundamento do "sujeito do conhecimento". Melhor seria então falar da função de "desconhecimento" do Eu. Pois tal estrutura projetiva é, acima de tudo, um sistema de defesa. Como se fosse o caso de constituir o mundo e o outro à sua imagem e semelhança a fim de impedir toda dinâmica efetiva de transformação de si, a fim de não reconhecer sua natureza profundamente relacional (como nós vemos no drama descrito pelo estádio do espelho), com todo o descentramento e dependência que isso implica. Uma estrutura narcísica é, necessariamente, frágil e violenta. O narcisismo é a resposta patológica à fragilidade do Eu, ao fato de ele ter a consciência tácita de sua decomposição diante de relações dialéticas com a alteridade e da função meramente defensiva dos ideais que ele assumiu. Ou seja, é como generalização do narcisismo que a individualidade moderna se realiza.[37]

O que salta imediatamente aos olhos nessa descrição do Eu é como ele se assemelha ao que entendemos por "personalidade autoritária". Se levarmos em conta que Lacan desenvolve essa teoria exatamente nos anos 1930, talvez fique claro como ela é expressão clara de um fenômeno histórico em marcha naquele mesmo momento, a saber, o fascismo. Tudo se passaria como se Lacan estivesse a descrever o modelo de personalidade que seria o fundamento da ascensão do fascismo, a saber, uma personalidade agressiva, paranoica, rígida, profundamente defensiva e vinculada a sistemas de desconhecimento e de negação

---

[37] Ver, a este respeito, EHRENBERG, Alain. *La société du mépris*. Paris: Odile Jaocb, 2012. O esquema mobilizado por Lacan é, em larga medida, semelhante ao que podemos encontrar no capítulo VI de ADORNO, Theodor; HORKHEIMER, Max. *Dialética do Esclarecimento*. Rio de Janeiro: Jorge Zahar, 1992.

fundamentais para a preservação de seu sistema de crenças sobre si e para uma visão autárquica da identidade.

Assim, por exemplo, Lacan se perguntará sobre: "quanto o pretenso 'instinto de conservação' do eu se desdobra voluntariamente na vertigem da dominação do espaço",[38] vertigem de dominação ligada à guerra pelo "espaço vital". Ele compreenderá como a fragilidade narcísica do Eu poderá ser compensada pela identificação a um líder que fará o papel de "supereu coletivo", ou seja, de figura fantasmática onipotente, capaz de impor o entusiasmo masoquista do autossacrifício "por ideais de nada".[39]

Se Lacan pode encontrar tais características no Eu em geral, e não em uma personalidade autoritária em particular, é porque isso que aparece de forma terrorista no fascismo é apenas a realização do destino da individualidade moderna e de suas ilusões de identidade. *Não é o colapso da individualidade que produz regimes totalitários. O que produz regimes totalitários é a defesa narcísica e agressiva de uma individualidade sempre em colapso.* Nesse sentido, sua clínica terá como problema: como desconstituir a estrutura de uma personalidade autoritária para que outra forma de experiência subjetiva possa emergir?

A pior maneira de matar pais

Uma maneira de melhor compreender esse ponto é através da estratégia lacaniana de vincular a prevalência dessa forma autoritária de personalidade ao colapso da ordem patriarcal. Colapso que Lacan descreve através da

---

[38] LACAN. *Écrits*, p. 123.
[39] LACAN. *Écrits*, p. 137.

noção de "declínio da imago paterna". Como veremos, esse colapso não nos leva necessariamente a formas de emancipação social, mas pode nos levar a formas ainda mais explícitas de regressão. Isso não significa em hipótese alguma que Lacan faça alguma forma de defesa do patriarcado, como alguns acreditam. Mas se trata de insistir que mutações pelas quais passa a família burguesa e suas formas de autoridade fornecem o campo privilegiado para a emergência e a hegemonia social das estruturas de personalidade autoritária. Assim como outros nesse mesmo momento histórico (Reich, Horkheimer), Lacan insiste que mutações na estrutura da família moderna desempenharam um papel central no desenvolvimento das condições psíquicas para a emergência do fascismo. Não será por acaso que o fascismo será assombrado pela recuperação da família como núcleo idílico no qual a autoridade paterna e a submissão de gênero desconheçam contestação.

A mutação descrita por Lacan é fruto da compensação à experiência do colapso da imago paterna. Em vez de tal colapso produzir emancipação, ele produzirá ansiedade com a fragilidade do Eu, assim como tentativas de compensação através da identificação compulsiva com imagens duplicadas e ampliadas de si em posição de autoridade. Imagens agora alimentadas por relações de projeção de onipotência e submissão. Ou seja, uma maneira de compensar a fragilidade do Eu é criando um duplo que agora estará no cerne do poder. "Alguém como eu", com as mesmas características limitadoras, explosões de raiva e misérias, mas em lugar de pretensa onipotência.

Isso ocorre, segundo Lacan, devido ao colapso da possibilidade de identificações simbólicas. Entendamos aqui por identificações simbólicas essas que são feitas não com representações de pessoas, mas com funções, com lugares sociais.

Para Lacan, tais identificações são importantes por abrirem o sujeito a certo grau de indeterminação, pois funções são modos de relação, não determinações intensivas de termos. Com o colapso da possibilidade de tais identificações, o modelo prevalente de identificação será fundamentalmente narcísico, imaginário, com toda a autorização desesperada da violência que tal identificação produz. Para entender melhor esse ponto, tentemos definir o fenômeno social que Lacan tem em mente. Pois pode parecer inicialmente que o *topos* lacaniano do declínio da imago paterna parece referendar um modelo de crítica social que insistiria nas consequências desagregadoras do enfraquecimento do sistema de autoridades tradicionalmente constituídas. Como se o enfraquecimento das normas sociais responsáveis pela regulação das condutas e pela socialização dos sujeitos fosse a causa de modalidades de sofrimento que poderiam levar a consequências políticas regressivas. Não foram poucos aqueles que viram uma espécie de pressuposição durkheimeana nesse diagnóstico social lacaniano.[40] Ela seria a marca indelével de uma pretensa tendência falocêntrica e patriarcal que assombraria a psicanálise lacaniana durante todo o seu desenvolvimento.

Lembremos inicialmente como, em Durkheim, o problema central, quando se trata de análise de patologias sociais, será a maneira como a experiência da modernidade traria em seu bojo uma potencial desregulação das normas devido à perda de adesão em relação a padrões tradicionais de conduta e valoração. Isso implicaria o enfraquecimento

---

[40] Nesse sentido, a leitura mais conhecida é de ZAFIROPOULOS, Mark. *Lacan et les sciences sociales: le déclin du père*. Paris: PUF, 2002. A tese foi inicialmente levantada em NANCY, Jean-Luc; LACOUE-LABARTHE, Pierre. *O título da letra*. São Paulo: Imago, 1984.

das normas com sua capacidade de limitação, de determinação de obrigações e de individualização. Esse enfraquecimento só poderia produzir um tipo de sofrimento social, a ser chamado de "anomia".[41] Temos anomia quando as demandas sociais deixam de ser determináveis, deixam de ter forma específica, pois elas não podem mais se referir a um campo de codificação e significação comum socialmente partilhado. Nesse contexto, entra-se em um "estado de indeterminação"[42] no qual nenhuma individualização é socialmente bem-sucedida, podendo esse colapso das ações potenciais levar até mesmo ao suicídio (o suicídio por anomia será uma das modalidades de suicídio analisadas por Durkheim). Contra isso, seria necessário um fortalecimento dos quadros normativos a fim de permitir a definição de processos de obrigação e assunção social através da limitação da indeterminação produzida pelo impacto social da crítica moderna à reprodução de formas tradicionais de vida. Os sujeitos devem ser redirecionados a quadros institucionais fortes, que permitam o desenvolvimento de individualidades reguladas pela assunção comum de processos produtores de mutualidade e cooperação, isso se quisermos evitar o "sofrimento de indeterminação"[43] produzido pelo impacto da modernidade.

Notemos, no entanto, que o tipo de diagnóstico fornecido por Lacan não pode ser confundido com análises dessa natureza. Isso é importante para compreendermos qual é, afinal, a estrutura das modalidades de sofrimento

---

[41] Ver o capítulo sobre anomia em DUNKER; SILVA JÚNIOR; SAFATLE. *Patologias do social*.

[42] DURKHEIM, Émile. *Le suicide*. Paris: PUF, 2005. p. 275.

[43] Como dirá HONNETH, Axel. *Sofrimento de indeterminação*. São Paulo: Esfera Pública, 2007.

social que o declínio da imago paterna, ao menos segundo Lacan, produziria. Na verdade, Lacan insiste no *colapso de uma antinomia* potencialmente presente nas identificações no interior do núcleo familiar.

A esse respeito, lembremos como, para o pai da família conjugal, convergem duas funções imediatamente contra-ditórias, a saber, a repressão (ele inibe a função sexual de forma inconsciente através do supereu) e a sublimação (ele preserva a função social através do Ideal do eu). O pai é aquele, ao mesmo tempo, responsável pela determinação social dos ideais e pelas relações de rivalidade sexual no interior da estrutura do complexo de Édipo. Apesar de insistir, contrariamente a Freud, na necessidade de distinguir claramente o que é da ordem do supereu, com suas injunções fantasmáticas, da ordem do Ideal do eu, com suas funções de transmissão simbólica de identificações, apesar de recusar a estratégia de psicanalistas como Ferenzci de diferenciar um supereu saudável de um supereu patológico, Lacan entende que a sobreposição da contradição na figura paterna tem uma função maior na maturação psíquica. Pois: "A evidência da vida sexual nas representações de restrições morais, o exemplo singularmente transgressivo da imago do pai em relação à interdição primordial exaltam no mais alto grau a tensão da libido e o escopo da sublimação".[44]

Nesse sentido, ele lembrará que, em sociedades distintas daquelas próprias a nossa modernidade ocidental, encontramos muitas vezes tais funções separadas. Nesses casos, o representante da autoridade social não será o pai, mas muitas vezes o irmão da mãe, cabendo ao pai biológico a função desinflacionada de iniciador de práticas e costumes. Tal separação diminuiria as relações de rivalidade

---

[44] LACAN, Jacques. *Autres écrits*. Paris: Seuil, 2001. p. 59.

com representações da autoridade, já que a distância da autoridade em relação ao núcleo familiar mais restrito seria sinal de conservação da norma social, a despeito de seus usos no interior de relações profundamente conflituais ligadas ao investimento libidinal em figuras familiares. Pois há de se lembrar aqui da temática edípica segundo a qual o pai biológico é aquele que estabelece relações com a mãe, privando a criança de um objeto inicialmente desejado. Não sendo mais o representante direto da lei social, o pai acaba por preservar a lei de todo desejo de transgressão devido às relações de rivalidade no interior do núcleo familiar. Lacan, no entanto, não louva essa característica de famílias não contraídas a seu núcleo conjugal. Pois, se por um lado tal situação evita a consolidação das neuroses como quadro hegemônico de sofrimento advindo das configurações da vida social, já que as relações de autoridade não são objeto da ambivalência neurótica que vincula sujeição, recusa e desejo, ela acabaria, por outro lado, por levar à consolidação de estereotipias. Pois a relação à Lei não é, de certa forma, infectada pela agressividade produzida no nível das relações de rivalidade no interior do núcleo familiar. Por isso, há, ao menos para o jovem Lacan, certo princípio de estaticidade em tais sociedades, devido à ausência de uma contradição produtiva no nível dos processos sociais de identificação. O que o leva a afirmar: "quão forte o ímpeto de sublimação está dominado pela repressão quando essas duas funções estão separadas".[45]

Assim, ao produzir uma antinomia ligada à figura paterna, a família burguesa se apoiaria em uma determinação contraditória. Nesse ponto, é evidente como Lacan dialeticamente vincula dinâmica social a contradição, mesmo

---

[45] LACAN. *Autres écrits*, p. 57.

que ao preço de certa leitura problemática de sociedades não redutíveis ao horizonte ocidental. De toda forma, o que interessa a Lacan é a possibilidade de a identificação ao pai tornar-se o lugar de uma contradição que permitiria ao sujeito fazer da contraposição ao próprio pai a contraposição à Lei. Por isso, Lacan deve afirmar: "é por crises dialéticas que o sujeito se cria, ele mesmo e seus objetos".[46] Tais crises dialéticas são descritas como subversões: "Por encarnar a autoridade na geração a mais vizinha e sob uma figura familiar, a família conjugal coloca tal autoridade ao alcance imediato da subversão criadora".[47]

Ou seja, a peculiaridade da posição de Lacan vem do fato de ele afirmar que a função da lei paterna é permitir a subversão das autoridades constituídas em nome de um ideal que nunca se encarna completamente. Pois, ao encarnar a Lei na figura familiar mais próxima, a família conjugal incita a transgressão da Lei, mas, paradoxalmente, em nome da própria Lei, já que as relações de rivalidade fazem com que o pai seja percebido sempre não estando à altura das injunções da função que ele representa. O que explica por que "os ideólogos que, no século XIX, levantaram contra a família paternalista as críticas mais subversivas não foram aqueles que não tinham sua marca".[48]

Notemos que essa antinomia relativa à figura paterna é possível porque Lacan parte de um pressuposto central, a saber, há uma espécie de transcendência possível da Lei que poderia impulsionar os sujeitos a transgredirem as encarnações empíricas da lei. No entanto, essa transcendência é, de forma paradoxal, uma espécie de transcendência negativa.

---

[46] LACAN. *Autres écrits*, p. 59.

[47] LACAN. *Autres écrits*, p. 59.

[48] LACAN. *Autres écrits*, p. 60.

Ou seja, a Lei social pode deixar de ser caracterizada pelo conjunto positivo de normas e regras que ela enuncia para ser apenas a marca da inadequação que ela produz em relação aos seus portadores. Essa inadequação é fundamental para que a socialização não seja uma simples conformação a normas, mas uma possibilidade de entrar em dinâmicas individualizadoras de subversão criadora.

Esse ponto é decisivo no argumento de Lacan. De certa forma, a Lei funcionará bem quando ela não legiferar, mas quando simplesmente autorizar o conflito em relação a seu próprio sentido. Nessa direção, quando Lacan afirma que a "grande neurose" contemporânea expressa o fato de a personalidade do pai ser sempre "ausente, humilhada, dividida ou postiça", provocando com isso uma carência capaz de "tanto secar o ímpeto instintivo quanto tarar a dialética da sublimação",[49] não se trata de defender que a cura da neurose estaria no fortalecimento do caráter normativo da lei paterna. Na verdade, e esse me parece o ponto realmente importante aqui, Lacan compreende que não se trata simplesmente de um "declínio" da autoridade, mas de uma eliminação da transcendência. O pai é humilhado na contemporaneidade porque ele se reduziu a ser apenas um rival.

Isso leva os sujeitos ao fortalecimento de formas de compensação da ausência da transcendência através da consolidação do narcisismo. Pois o modelo defendido por Lacan é um modelo que permite a circulação de conflitos, que faz da circulação de conflito o motor de transformação social. Esse modelo poderia nos levar ao reconhecimento da necessidade de certo lugar vazio da autoridade como condição para a criação social contínua. Ou seja, a assunção de que ninguém pode falar em nome do poder poderia

---

[49] LACAN. *Autres écrits*, p. 61.

permitir a liberação em relação às exigências de sujeição presentes no interior da ordem familiar.[50] Mas acontece, na verdade, outra coisa. A família burguesa acabará por ser preservada, mesmo que sua figura de autoridade traga as marcas de seu enfraquecimento. Ela aparecerá assim como frágil e, exatamente por ser frágil, ainda mais violenta, sem condição de oferecer ao sujeito um ponto seguro de identificação. O próprio Eu do sujeito será frágil, o que o levará a procurar uma compensação à sua fragilidade através da identificação com uma imagem de si próprio no interior da ordem social, mas marcada pela onipotência. Assim, teremos aquilo que teóricos como Theodor Adorno chamarão de "alargamento da própria personalidade do sujeito, uma projeção coletiva de si mesmo, ao invés da imagem de um pai cujo papel durante a última fase da infância do sujeito pode bem ter decaído na sociedade atual".[51]

---

[50] Notemos que o modelo de Lacan exige certa articulação sistêmica entre família e Estado. Frantz Fanon percebeu, de forma precisa, que esse modelo não consegue descrever situações coloniais. "Na Europa e em todos os países ditos civilizados ou civilizadores, a família é um pedaço da nação. A criança que sai do meio parental reencontra as mesmas leis, os mesmos princípios, os mesmos valores" (FANON, Frantz. *Peau noire, masques blanches*. Paris: Seuil, 2012. p. 140). O mesmo não acontece com populações submetidas a regimes coloniais, nos quais "normalidade" familiar e "normalidade" estatal estão em divórcio. Se a família branca é o lugar de preparação e formação à vida social, a família de povos colonizados não tem relação alguma com a estrutura do Estado colonizador. Nesse caso, entrar na "civilização" implica rejeitar a família. O argumento é forte e obriga a levar em conta modelos distintos de antagonismo e conflito, com impactos psicológicos diferentes a partir das formas com que os sistemas família-instituição-Estado se articulam.

[51] ADORNO, Theodor. *Ensaios de psicologia social e psicanálise*. São Paulo: Unesp, 2015. p. 418.

Adorno desenvolve essa ideia para falar da estrutura de identificação com lideranças fascistas. Pois o líder fascista não será constituído à imagem do pai, mas à imagem narcísica de si. Por isso, Adorno irá caracterizá-lo como um "pequeno grande homem": "uma das características fundamentais da propaganda fascista personalizada é o conceito de 'pequeno grande homem', uma pessoa que sugere, ao mesmo tempo, onipotência e a ideia de que ele é apenas mais um do povo, um simples, rude e vigoroso americano, não influenciado por riquezas materiais ou espirituais".[52] Pois as identificações não são construídas a partir de ideais simbólicos. Elas são basicamente identificações narcísicas que parecem compensar o verdadeiro sofrimento psíquico do "declínio do indivíduo e sua subsequente fraqueza",[53] um declínio que não é apenas apanágio de sociedades abertamente totalitárias. Isso talvez explique por que esse "mais um do povo" possa ser expresso não apenas pela simplicidade, mas às vezes pelas mesmas fraquezas que temos ou que sentimos, pela mesma revolta impotente que expressamos.

Outro diagnóstico convergente ao de Lacan foi fornecido por Alexander Mitscherlich, em seu livro *Em direção a uma sociedade sem pais* (*Auf dem Weg zur vaterlosen Gesellschaft*), de 1963. Partindo do diagnóstico frankfurtiano do declínio da autoridade paterna devido às mutações na sociedade capitalista do trabalho, à generalização do modelo burocrático de autoridade e à insegurança produzida pela ausência de "seguranças de caráter paternalista" (*paternistischer Sicherung*)[54] na constituição de modelos

---

[52] ADORNO. *Ensaios de psicologia social e psicanálise*, p. 421.

[53] ADORNO. *Ensaios de psicologia social e psicanálise*, p. 411.

[54] MITSCHERLICH, Alexander. *Auf dem Weg zur vaterlosen Gesellschaft. In: Gesammelte Schriften*. Frankfurt: Suhrkamp, 1983. p. 250.

para processos de decisões a serem tomadas pelos indivíduos (o que suscitará décadas depois a temática da "sociedade de risco"), Mitscherlich poderá afirmar que o advento de uma sociedade sem pais já teria sido, à sua maneira, realizada pelo capitalismo. A desaparição do pai é um destino, não cansará de dizer Mitscherlich. No entanto, a comunidade de irmãos não teria redundado em novas formas de organização política. Na verdade, à estrutura da rivalidade edípica entre pai e filho substitui-se um comportamento de afirmação de si entre irmãos, expresso através de ciúme e concorrência com suas patologias ligadas ao culto da performance e à pressão narcísica dos ideais.[55] Mesmo as figuras paternas no interior do núcleo familiar seriam cada vez menos representantes de modelos patriarcais de autoridade e cada vez mais próximas de figuras fraternas concorrentes. Dessa forma, a sociedade capitalista teria sido capaz de sobreviver ao se transformar em uma sociedade sem pais organizada em chave narcísica, cujas patologias deixarão de se constituir a partir dos conflitos neuróticos com as interdições da Lei para se constituírem a partir dos conflitos narcísicos diante da impotência de realizar ideais. É pensando em fenômenos semelhantes que Lacan afirmará que tal fortalecimento do narcisismo será responsável pelo recrudescimento de regressões sociais como a xenofobia, a segregação, a procura por figuras superegoicas de autoridade e regressões fascistas periódicas.

---

[55] Daí afirmações como "a necessidade de performance, o medo de ser ultrapassado e de ficar para trás são componentes fundamentais da vivência do indivíduo na sociedade de massa. O medo de envelhecer toma proporções de pânico; a própria velhice se transforma em um estágio da vida no qual experimentamos grande abandono sem reciprocidade por gerações seguintes" (MITSCHERLICH. *Auf dem Weg zur vaterlosen Gesellschaft*, 1983. p. 324).

Lacan dará atenção especial à segregação. Quando ele afirmar, por exemplo, que: "Só conheço uma origem da fraternidade [...] é a segregação", isso significa que a criação de identidades coletivas, em uma era na qual a atribuição identitária é narcísica, é indissociável de reiterações contínuas de práticas de exclusão. Na modernidade ocidental, não há determinação identitária possível que não seja baseada na constituição de um corpo social sempre violento com aqueles marcados pela figura da diferença a ser evitada. Maneira de afirmar que a segregação é indissociável de nossas sociedades de indivíduos.

Notemos que Lacan precisa defender a tese de que a função da lei paterna é permitir a transgressão contra ela mesma, sem que isso implique necessariamente perpetuação de uma situação de desagregação. Mas ele diz muito pouco a respeito das causas de tal declínio ou do momento histórico em que a imago paterna não teria declinado. Pois, para a tese do "declínio" funcionar, seria necessário um momento histórico no qual a lei paterna teria funcionado como mera potência de transcendência, descolada dos enunciados normativos que definem as condutas e os comportamentos que lhe seriam conformes. Fato nunca ocorrido. O que mostra como o "declínio" ao qual Lacan se refere não é um declínio em relação a uma situação que teria estado anteriormente em operação, mas *um declínio em relação ao campo de possíveis que ainda não se atualizou*. Tal modo de socialização nunca existiu de fato de forma hegemônica, mas poderia aparecer como uma possibilidade imanente ao funcionamento da família, independentemente de sua configuração. Daí por que não faz sentido se perguntar sobre o momento no qual a imago paterna não teria entrado em declínio.

O que a guerra nos ensina

Se nos perguntarmos como Lacan pensa as formas sociais que poderiam fazer desse declínio um processo de emancipação, devemos voltar nossos olhos para "A psiquiatria inglesa e a guerra", de 1947. Se "Os complexos familiares" é escrito pouco antes da deflagração da Segunda Guerra e expressa claramente as preocupações com fenômenos totalitários que a Europa conhecia então, "A psiquiatria inglesa" traz as marcas da meditação sobre a possibilidade de superação das condições psíquicas que permitiriam impedir tais regressões. Nesse sentido, ao analisar experimentos de grupo criados por Bion e Rickman durante a guerra, não é por acaso que Lacan dirá que a vitória inglesa na guerra deve ser computada também ao fato de a "intrepidez de seu povo repousar sobre uma relação verídica ao real".[56] Mas o que "verdade" e "real" fazem nesse contexto?

Aceitemos que "real" se refere aqui a uma forma de instauração de vínculos sociais que nos coloca diante do que submete as organizações imaginárias ou simbólicas ao esvaziamento. Por isso, há uma dimensão real dos vínculos sociais que exige um certo afeto ("intrepidez"), pois nos coloca diante do que pode decompor grupos ou levá-los a uma forma reinstaurada. Nesse sentido, lembremo-nos dos eixos principais do experimento de Bion e Rickman, que vão, à sua maneira, estar presentes tanto em práticas da psicoterapia institucional quanto na tentativa lacaniana de criar estruturas de trabalho como os carteis.

Em um hospital militar, Bion recebe soldados que recusam sua integração e seu trabalho cooperativo no exército.

---

[56] LACAN. *Autres écrits*, p. 101.

Ele resolve então organizá-los em grupos de trabalho cujas funções serão decididas pelos próprios membros. Organizam-se então grupos de carpintaria, de prática cartográfica, de conserto de automóveis etc. Até mesmo um grupo responsável por cursos de dança se organiza. Bion se serve aqui do que conheceremos mais tarde por grupos terapêuticos, tão presentes em tentativas de tratamento em psicose.

No entanto, esses grupos tal como pensados por Bion têm uma característica fundamental: o lugar da liderança encontra-se vazio. Aquele que ocupa tal lugar, a saber, o próprio Bion, agirá de forma a simplesmente reenviar a mensagem dirigida a ele para o próprio enunciador. Ele não age, não comanda, mas leva o próprio grupo a tomar as decisões a respeito do que lhe compete. No entanto, Bion garante que o grupo será responsabilizado pela ação de seus membros. Assim, por exemplo, as tesouras de um grupo desaparecem. Bion afirma que não haverá punições, mas não haverá também compra de novas tesouras. O resultado é descrito por Lacan nos seguintes termos:

> A partir dessa situação, ele se proporá organizar a situação de maneira a forçar o grupo a tomar consciência de suas dificuldades de existência enquanto grupo – depois a torná-la cada vez mais transparente a si mesmo, a ponto de cada um dos membros poder julgar de maneira adequada os progressos do conjunto – o ideal de tal organização seria para o médico a lisibilidade perfeita, de forma tal que ele possa apreciar a todo momento em direção a qual porta de saída se dirige cada "caso" confiado a seus cuidados: retorno à unidade, reenvio à vida civil ou perseverar na neurose.[57]

---

[57] LACAN. *Autres écrits*, p. 109.

As colocações são bastante significativas. Ao preservar o lugar do poder como um lugar simbolicamente vazio, ou seja, lugar que pode ser ocupado provisoriamente por qualquer um que se disponha a tanto, mas que se encontra determinado em condições simbólicas partilhadas, Bion permitira ao grupo "tomar consciência de suas dificuldades de existência", isso a ponto de instaurar uma transparência do grupo a si mesmo. Se Lacan fala de uma "legibilidade perfeita", é porque o grupo se confronta com sua própria possibilidade de desaparição, com sua falta de fundamento natural, sem no entanto ser levado ao pânico produzido pelo sentimento de perda do que garantia sua sedimentação enquanto grupo. Isso é possível porque, para além do esvaziamento imaginário do lugar do poder, há uma sustentação simbólica que permanece. Bion está presente de forma silenciosa, mas o enquadre simbólico da instituição do exército e do hospital ainda continuam lá.

Nesse sentido, o que houve não foi uma perda de liderança, mas uma tomada de consciência da possibilidade de funcionamento a despeito de uma representação imaginária do poder. Esse esvaziamento do lugar central permitiria assim a consolidação de um sistema de relações igualitárias capaz de abrir o espaço a formas renovadas de cooperação. Lacan chega mesmo a falar de um "princípio de cura de grupo", isso para lembrar posteriormente: "Se podemos dizer que o neurótico é egocêntrico e tem horror a todo esforço de cooperar, é talvez por ele raramente se colocar em um meio no qual todo membro esteja no mesmo nível que ele no que se refere às relações ao seu semelhante".[58]

---

[58] LACAN. *Autres écrits*, p. 111. Nesse sentido, é importante lembrar como Bion falará da necessidade de a neurose ser mostrada como um perigo ao grupo. Cf. BION. *Experiences in Groups and Other Papers*.

Ou seja, emerge aqui um tipo de relação na qual certo igualitarismo, que não é a mera projeção narcísica do Eu sobre o outro, aparece como força fundadora de novos vínculos sociais. Esse igualitarismo tem força clínica, ele opera no interior da cura, o que não deve nos estranhar, já que relações de poder e autoridade, ao mesmo tempo, constituem nossa vida psíquica e nossas formas de sofrimento. Relações de poder nos fazem sofrer, já que definem as formas de nossa expressão e existência. Sua mudança em situação clínica pode, por outro lado, ter força de cura e transformação.[59] Lacan entende que essa é a saída mais consistente para o desafio social que ele descreverá ao final de seu texto:

> É claro agora que as potências sombrias do supereu se coalizam com os abandonos os mais estúpidos da consciência para levar os homens a uma morte aceita pelas causas as menos humanas, e nem tudo o que aparece como sacrifício é heroico. Por outro lado, o desenvolvimento que crescerá nesse século dos meios de agir sobre o psiquismo, o manejo concertado das imagens e paixões já usado com sucesso contra nosso julgamento, nossa resolução, nossa unidade moral, serão a ocasião de novos abusos do poder.[60]

Ou seja, com o declínio da imago paterna e a consolidação de um modo de relação à autoridade fundado nas "potências sombrias do supereu", abre-se o espaço para processos identificatórios e reações defensivas que farão

---

[59] É por essa via que se desenvolverá a psicoterapia institucional, com sua influência assumidamente lacaniana. Além de Tosquelles, anteriormente citado, lembremo-nos das experiências de Jean Oury em La Borde.

[60] LACAN. *Autres écrits*, p. 120.

a base psíquica das formas fascistas que a Europa conheceu inicialmente na Segunda Guerra. É contra formas de manejo combinado de imagens e paixões que certamente crescerão no século XX que Lacan irá procurar inicialmente insistir na estratégia de conservar o lugar do poder vazio de toda identificação imaginária possível. Nesse momento, Lacan acredita que a política emancipa quando ela nos leva a nos identificarmos com um lugar vazio que permite a consolidação igualitária que dissolve os efeitos de grupo (com suas estereotipias e exclusões), assim como a circulação do poder, suas encarnações e desencarnações periódicas.[61] O vazio é uma resposta possível ao fascismo.

No entanto, esse modelo lacaniano pressupõe um esvaziamento das identificações imaginárias com as figuras do poder e uma emergência da força das identificações com o lugar simbólico não saturado, o que pressupõe um problema importante que será de difícil resolução, a saber, que as coordenadas que constroem e definem o lugar, que a espacialidade do poder em suas determinações tópicas de relações seja sustentada. Pois esse modelo exige condições mínimas de possibilidade para a sustentação simbólica dos coletivos. Condições simbólicas que preservem e garantam a igualdade radical e a plasticidade das singularidades. Isso não será algo facilmente implementado. Como veremos mais à frente, as tentativas feitas pelo próprio Lacan nas instituições que criou chegarão a um impasse. Talvez porque

---

[61] Lacan chega mesmo a afirmar que a ausência desse lugar vazio é um dos fenômenos desencadeadores da angústia. Daí sua definição da angústia como "falta da falta": "Há sempre um certo vazio a preservar que não tem nada a ver com o conteúdo, nem positivo, nem negativo, da demanda. É de seu preenchimento total que surge a perturbação na qual se manifesta a angústia" (LACAN, Jacques. *Le Séminaire, livre X: L'angoisse*. Paris: Seuil, 2006, p. 80).

o campo político terá de ser capaz de lidar com o caráter disruptivo de algo que não aparecia de forma clara para Lacan até então, a saber, o gozo. Experiências de poder são sustentadas por experiências de gozo. Nesse sentido, a emancipação deverá estar vinculada à possibilidade de o corpo social constituir-se a partir da circulação de formas de gozo que sejam modos de abertura ao descentramento. Pois há aquilo que em nós procura o descentramento. Como dizia Yves Klein: "no coração do vazio, há fogos que queimam". Há certa forma de fazer do vazio a forma de presença de algo que empurra a vida social para a emergência do que ainda não tem figura, emergência do que queima nossas formas de representação. Vejamos como ele pode se tornar uma disposição política.

Capítulo 2
Um gozo para fora do capitalismo

Que algo exista realmente ou não,
isso tem pouca importância.
Ele pode perfeitamente existir
no sentido pleno do termo,
mesmo que não exista realmente.

Jacques Lacan

"O gozo faz a substância de tudo aquilo a respeito do qual falamos em psicanálise",[62] dirá Lacan. Essa afirmação deixava claro o papel estruturante do conceito de gozo no interior do pensamento lacaniano e de sua clínica. No entanto, ele aparecerá para Lacan de forma relativamente tardia. Podemos mesmo dizer que o uso do termo "gozo" como conceito clínico e metapsicológico, um dos mais importantes conceitos no interior da clínica lacaniana, deverá esperar *O Seminário, livro 7: A ética da psicanálise* para, de fato, ser apresentado de forma mais sistemática. Ele responde a um deslocamento, cada vez mais visível no pensamento lacaniano, em direção à tematização do uso

---

[62] LACAN, Jacques. *Le Séminaire, livre XVI: D'un Autre à l'autre*. Paris: Seuil, 2006. p. 45. Para uma análise exaustiva do conceito de gozo em Lacan, ver DUNKER, Christian. *O cálculo neurótico do gozo*. São Paulo: Escuta, 1998.

clínico de dinâmicas ligadas à dimensão do Real, ou seja, dinâmicas que não serão objeto de processos de simbolização, verbalização e rememoração no interior da clínica. Mas notemos um dado bibliográfico significativo. Após sua apresentação no *Seminário 7*, o conceito de gozo voltará a ser objeto central de análise principalmente em *O Seminário, livro 16: De um Outro ao outro, O Seminário, livro 17: O avesso da psicanálise* e *O Seminário, livro 20: Mais, ainda*. Há um dado significativo nessa distribuição. A tematização do gozo volta às preocupações centrais de Lacan logo após os acontecimentos de maio de 1968, já que o *Seminário 16* começa no final de 1968. É evidente, nesse contexto, como Lacan faz do gozo um conceito fundamental no interior de uma estratégia de crítica social psicanaliticamente orientada. Essa é, de certa forma, sua resposta a respeito do que está a ocorrer em maio de 1968. Pois Lacan lê o capitalismo não a partir de uma economia política, mas de uma economia libidinal que se constrói através de certas homologias importantes com a crítica marxista. Isso significa que o capitalismo e suas formas de sujeição serão descritos a partir dos impactos que produzem no campo do desejo. Mas não se trata de recuperar a temática, tão cara a autores como Reich e Marcuse, do capitalismo como sistema econômico que produziria modos de existência baseados na repressão e na conformação a padrões disciplinares de conduta. Na verdade, o capitalismo será, aos olhos de Lacan, um sistema de "espoliação do gozo",[63] de integração do gozo à lógica da produção mercantil e seus padrões de conta. Compreender tais dinâmicas de espoliação seria condição fundamental para lutas políticas efetivamente transformadoras.

---

[63] LACAN. *Le Séminaire, livre XVII*, p. 92.

Lacan pode fazer tal afirmação por saber que o capitalismo estava abandonando sua matriz hegemônica repressiva em prol da consolidação de uma forma de sujeição por incitação contínua. O fortalecimento do discurso da autonomia das decisões individuais e do campo de flexibilidade em relação às normas gerais tendia a criar vínculos sociais ligados ao discurso de que "cada um tem direito a sua forma de gozo" (ou ainda "cada um *deve* encontrar sua forma de gozo"[64]), que acabará por se realizar na liberação multicultural da multiplicidade das formas possíveis de sexualidade em nossas democracias liberais. Dessa forma, a *incitação e a administração do gozo* transformaram-se na verdadeira mola propulsora da economia libidinal da sociedade de consumo. Isso complexifica em demasia as dinâmicas da crítica social, colocando desafios substantivos para a força de ruptura dos horizontes de revolta. Pois se o conceito de gozo acaba por preencher duas funções distintas (ele será o fundamento da crítica às sociedades capitalistas e o fundamento dos modos normais de funcionamento dessas mesmas sociedades), isso significa que toda revolta deve lidar com as estruturas subjetivas de investimento libidinal na ordem social vigente.

As possibilidades da ação social transformadora estarão assim ligadas ao advento de um gozo capaz de abrir a experiência para além da inscrição social do desejo no interior das possibilidades imanentes de reprodução da estrutura simbólica. Mas, para tanto, será necessário

---

[64] De onde se segue o fato de que o supereu em Lacan não funciona exatamente como um aparato de repressão interna, mas de incitação angustiante ao gozo. Daí por que ele nos lembra que o verdadeiro imperativo do supereu na contemporaneidade é: "Goza!", ou seja, o gozo transformado em uma obrigação (LACAN, Jacques. *Le Séminaire, livre XX: Encore.* Paris: Seuil, 1973. p. 10).

compreender a extensão desse gozo que se inscreve nas modalidades de reprodução social e que será fundamental para a preservação do capitalismo. A ele Lacan dará o nome de "gozo fálico". Essa é a maneira lacaniana de discutir a matriz patriarcal do capitalismo, ou seja, a dependência entre seus regimes de socialização e a perpetuação de uma forma de desejo própria a uma organização libidinal pensada a partir do que se passa em um horizonte masculino, com seus regimes de homogeneidade, fantasma e identificação. Discutir o gozo no interior do capitalismo será, ao mesmo tempo, discutir como o desejo se socializa tendo como referência fundamental um modo masculino de organização da libido, modo que será o horizonte tanto para a posição masculina quanto para a feminina.

Nesse sentido, se Lacan terá de dizer, em uma de suas proposições mais conhecidas, que "A mulher não existe", é porque não há exatamente um "binarismo" de gênero em nossas sociedades. Há, na verdade, algo muito mais brutal, a saber, um "monismo" de gênero. Só o homem existe, só o modo masculino de organização da libido define a integralidade do campo de inscrição social do gozo no interior de nossas sociedades. Mas essa inexistência aventada por Lacan não é um mero limite à experiência.[65] Na verdade, a modificação da economia libidinal do capitalismo será solidária da assunção de algo que deve ser compreendido como impossível e inexistente em nossa situação social,

---

[65] O que não poderia ser diferente para alguém que dirá: "Pelo fato de o inconsciente existir, vocês realizam a cada instante a demonstração na qual se funda a inexistência como condição do necessário [...] a inexistência não é nada" (LACAN, Jacques. *Le Séminaire, livre XIX: ...ou pire*. Paris: Seuil, 2012, p. 52).

a saber, uma forma de gozo não fálica. Há uma dialética aqui que o pensamento crítico precisará saber manejar.

Levando isso em conta, podemos abordar o gozo mostrando como se trata de um conceito político fundamental da psicanálise lacaniana. Ele permite a compreensão das dinâmicas de integração do capitalismo, assim como abre o espaço para a tematização dos processos subjetivos de ruptura com tais formas de integração. Sua origem, e isso não poderia nos escapar, não se encontra em textos freudianos, embora Lacan se esforce em fazer das incidências freudianas do termo *"Genuss"* indicações da presença de um conceito. Mas se quisermos encontrar a verdadeira referência ao uso lacaniano do conceito de gozo, deveremos procurar em Georges Bataille.[66] Por isso, comecemos nos lembrando do contexto no interior do qual Bataille desenvolve seu conceito. Pois mesmo as diferenças evidentes entre Lacan e Bataille a respeito do gozo exigem a recomposição do espaço inicial de problemas compreendidos pelo segundo.

Bataille e a crítica da sociedade do trabalho

Bataille serve-se do conceito de gozo como eixo fundamental de uma crítica social baseada na crítica da sociedade capitalista do trabalho. Ou seja, em suas mãos, o conceito será, desde o início, ligado a uma certa teoria social na qual

---

[66] Os exemplos de Lacan a respeito do gozo, como o potlacht e Sade (LACAN. Le Séminaire, livre VII), ou ainda Santa Teresa d'Ávila (LACAN. *Le Séminaire, livre XX*), vêm diretamente de Bataille. Sobre a relação entre Bataille e Lacan, ver DEAN, Carolyn. *The Self and Its Pleasures: Bataille, Lacan and the History of the Decentered subject.* Ithaca, NY: Cornell University Press, 1992.

a crítica do capitalismo se insere em um horizonte mais amplo a respeito do advento do trabalho como modo fundamental de atividade humana. Lembremos, por exemplo, de afirmações como:

> O trabalho exige uma conduta em que o cálculo do esforço, relacionado à eficácia produtiva, é constante. Exige uma conduta razoável, em que os movimentos tumultuosos que se liberam na festa e, geralmente, no jogo, não são admitidos. Se não pudéssemos refrear esses movimentos, não poderíamos trabalhar, mas o trabalho introduz justamente a razão de refreá-los.[67]

Nesse trecho, vemos Bataille insistir na existência de um modelo de cálculo, de mensuração, de quantificação derivado da lógica do trabalho e estranho à "improdutividade" desses modos de relação social que são a festa e o jogo, nos quais a experiência do gozo se aloja. Tal modelo é indissociável da noção de "utilidade", assim como de um tempo no qual as atividades são medidas tendo em vista o cálculo dos esforços e investimentos, tendo em vista a "eficácia produtiva" com sua recusa ao desperdício enquanto horizonte supremo de moralidade de nossas ações. Há uma capacidade de controle a partir da possibilidade de prever resultados e grandeza que funda o trabalho como modo de apropriação de minha força e dos objetos. Controle encarnado no primado da utilidade. Sobre a noção de "utilidade", Bataille dirá:

> A utilidade tem teoricamente como finalidade o prazer – mas somente sob uma forma moderada, pois o prazer violento é tido como *patológico* – e se deixa limitar, por

---

[67] BATAILLE, Georges. *O erotismo*. Belo Horizonte: Autêntica, 2013. p. 64.

um lado, à aquisição (praticamente à produção) e à conservação dos bens e, por outro, à reprodução e à conservação das vidas humanas [...] No conjunto, qualquer julgamento geral sobre a atividade social subentende o princípio de que todo esforço particular deve ser redutível, para ser válido, às necessidades fundamentais da produção e da conservação.[68]

Ou seja, fica claro como a utilidade aparece não apenas enquanto modo de descrição da racionalidade própria ao sistema socioeconômico capitalista, mas principalmente como o princípio fundamental de definição moral da natureza dos sujeitos próprios a tal sistema. Os sujeitos racionais no interior do capitalismo são aqueles que organizam suas ações tendo em vista sua autoconservação, a conservação de seus bens, o cálculo econômico de seus esforços e a fruição de formas moderadas de prazer, ou seja, formas de prazer que não nos coloquem fora de nosso próprio domínio. Eles são aqueles que se julgam racionais por sempre submeterem sua afetividade à reflexão sobre a utilidade e a medida.

Contra essa sociedade do trabalho Bataille quer apelar a tudo o que ela compreenda como excessivo, tudo capaz de mobilizar um gozo que não se confunda com o cálculo do prazer e desprazer e, principalmente, toda ação social que apareça como improdutiva. Toda sociedade seria atravessada pela necessidade de experiências de excesso, de dispêndio e de destruição que, do ponto de vista das exigências econômicas de produção e maximização, são simplesmente irracionais. Isso leva Bataille a afirmar que o utilitarismo da sociedade capitalista, sua lógica vinculada

---

[68] BATAILLE, Georges. *A parte maldita: precedida de "A noção de dispêndio"*. Belo Horizonte: Autêntica, 2013. p. 20.

à constituição de agentes maximizadores de interesses, só poderia ser quebrada pela circulação do gozo e de suas manifestações fundamentais: o erotismo e o sagrado. Como se o gozo fosse o fundamento da crítica social ao capitalismo. É pensando nisso que Lacan dirá: "o gozo é aquilo que serve para nada",[69] aquilo que desconhece "utilidade". Ou, ainda, que "o princípio do prazer é essa barreira ao gozo, e nada mais".[70]

Comer miolos frescos

Podemos nos perguntar sobre como tal conceito de gozo poderia operar no interior da clínica analítica. Recusando a defesa de uma liberação naturalista do desejo, recusando ainda a possibilidade de um cultivo de si que levaria à afirmação do "homem do prazer" (como defende Foucault),[71] Lacan irá trazer o gozo para dentro de uma reflexão sobre a direção da clínica. Sua clínica deverá levar os sujeitos a se relacionarem com um gozo que os atravessa e que os retira de seu domínio de si, sem com isso submetê-los ao domínio de alguma pretensa naturalidade perdida dos impulsos e paixões.

Nesse sentido, Lacan começará por insistir cada vez mais que a experiência humana não é um campo de condutas guiadas apenas por imagens ordenadoras (Imaginário), por estruturas sócio-simbólicas (Simbólico) que visam garantir e assegurar identidades, mas também por uma força

---

[69] LACAN. *Le Séminaire, livre XX*, p. 10.

[70] LACAN. *Le Séminaire, livre XVI*, p. 277.

[71] Sobre as relações entre Lacan e Foucault, ver BOU ALI, Nadia; GOEL, Rohit (Ed.). *Lacan Contra Foucault: Subjectivity, Sex and Politics*. London: Bloomsbury, 2018.

disruptiva cujo nome correto é Real. Aqui, o Real não deve ser entendido como um horizonte de experiências concretas acessíveis à consciência imediata. O Real não está ligado a um problema de descrição objetiva de estados de coisas. Ele diz respeito a um *campo de experiências* que não podem ser adequadamente simbolizadas ou colonizadas por imagens ideais de forte circulação social. Isso nos explica por que o Real é sempre descrito de maneira negativa e destituinte, como se fosse questão de mostrar que há coisas que só se oferecem ao sujeito sob a forma de negações. Daí proposições como "O real é o impossível". O Real indica uma experiência de exterioridade em relação aos processos de reprodução material da vida e que preserva sua negatividade como forma de impedir que experiências de diferença sejam esmagadas pelas determinações possíveis do presente.

Se nos perguntarmos sobre como tal perspectiva funciona clinicamente, temos um exemplo privilegiado através do comentário feito por Lacan a respeito de um caso clínico de Ernst Kris.[72] Trata-se de uma vinheta clínica apresentada por Kris sobre um jovem cientista incapaz de publicar suas pesquisas. Tal impossibilidade é derivada de uma compulsão, que ele julga ter, ao plágio. Assim, encontramos um paciente que organiza sua posição subjetiva a partir da proposição: "Eu não posso publicar o que escrevo, pois no fundo sou um plagiador". Ela não deixa de ressoar seu comportamento, na juventude, de pequenos furtos de livros e doces. Ela não deixa, também, de colocar em cena um modo de relação intersubjetiva por comparação que

---

[72] LACAN. Écrits, p. 393-398 e p. 598-602. O caso se encontra em KRIS, Ernst. Ego Psychology and Interpretation in Psychoanalytic Theraphy. *Psychoanalytic Quartely*, v. 1, n. 10, 1951.

remete às relações com seu pai e seu avô, um "grande pai" (*grandfather*), cientista reconhecido, que realizou o sucesso que o pai não foi capaz de alcançar.

Um dia, o paciente chega à sessão analítica afirmando ter encontrado um livro que contém as ideias dos textos que escrevera, mesmo sem publicar. Kris intervém pedindo para ler o livro. O que ele faz, concluindo não haver nada do que o paciente temia. Ao contrário, dirá Kris, o paciente projetava no outro ideias que ele gostaria de ter. Kris intervém assim no nível da "apreciação da realidade", tentando levar o paciente a aceitar que "sempre lidamos com as ideias dos outros, trata-se de uma questão de saber como lidar com elas". Ao apresentar sua interpretação, Kris ouve do paciente a seguinte resposta: "Sempre quando minha sessão de análise termina, um pouco antes do almoço, eu gosto de passear por uma rua onde encontro um restaurante que oferece um de meus pratos preferidos: miolos frescos".

Lacan dirá que tal resposta expõe, na verdade, o fracasso da intervenção de Kris. Pois mesmo que a análise de Kris não estivesse incorreta, faltou analisar o desejo de "comer miolos frescos". Pouco importa se ele é ou não plagiário, mas é certo que uma mistura confusa de desejo de autoria e plágio parece estruturador e intransponível. Isso nos leva a insistir que há um gozo oral primordial e bruto (expresso no desejo de comer miolos frescos ou, ainda, em um sonho edípico de uma batalha com o pai no qual livros eram armas e livros conquistados eram engolidos durante o combate) que aparece bloqueando uma dimensão essencial do reconhecimento linguisticamente estruturado, a saber, a dimensão da "publicação", do tornar-se público, do assumir para o Outro a forma de suas ideias. Pois tal relação oral tem algo, para esse sujeito, de não inscritível em uma forma reconhecida, algo de profundamente fusional, algo de campo confuso no qual distinções de identidade não se sustentam mais. Esse gozo quebra a possibilidade de o sujeito "ter um nome", "estar em um lugar que lhe seja próprio". Dele o Eu "nada quer saber", pois é tal gozo que foi expulso como radicalmente para além dos limites do princípio do prazer. Por isso, a única forma possível de reconhecimento aparece através "de um ato totalmente incompreendido do sujeito".[73] Um *acting out* que ele repete, como se traduzisse em forma imaginária aquilo que deveria ser capaz de apreender de forma simbólica. Mas que o "não" do paciente, ao dizer "Eu não posso publicar, eu não sou alguém que possa publicar suas próprias ideias", seja invertido pela analista em uma afirmação do tipo "você pode publicar, nossas ideias sempre vêm de outros", isso significa uma espécie de bloqueio na escuta mais precisa desse "não". Não foi possível ouvir como tal negação era mais brutal, pois pedia o desenvolvimento de uma experiência com a linguagem na qual a confusão das relações profundamente orais pudesse vir à tona e encontrar uma forma. O que era impossível no interior de um uso da linguagem marcada pelas fronteiras individualizadas de quem se sente, a todo momento, entrando indevidamente no domínio de um outro, sendo desmascarado como um plagiador. A análise deveria pois levar o sujeito a reconstituir seu modo de existência a partir desse gozo, mesmo com o preço de ele não saber mais quem é e quais os "limites", quais "determinações" definiriam claramente sua presença no mundo.[74]

---

[73] LACAN. *Écrits*, p. 398.

[74] O que não poderia ser diferente para alguém que vincula de forma tão forte "impossível" e "real" como horizonte clínico, como vemos quando Lacan define o inconsciente como "o termo metafórico a designar o saber que só se

Pois esse gozo é uma forma de afirmação do descentramento e da despossessão. Ele é o colapso das ilusões de identidade do sujeito e a base libidinal para a abertura àquilo que não porta sua própria imagem.

Como se goza no capitalismo

No entanto, a função crítica do conceito de gozo se complexificará a partir do momento em que Lacan procurar fornecer uma teoria da estrutura libidinal do capitalismo.[75] Lacan compreenderá que o capitalismo nunca poderia ser um modo de existência fundado na simples renúncia ao gozo. Na verdade, não há modo de existência social que construa suas dinâmicas de adesão através da simples repressão. O capitalismo se funda no que Lacan chama de espoliação do gozo, ou seja, na inscrição de seu excesso e desmedida no interior das dinâmicas de reprodução social.

Devemos falar em "espoliação", porque não se trata de uma negação simples. O gozo se transforma naquilo que a dinâmica de autovalorização do Capital procura produzir, como se o eixo libidinal da adesão dos sujeitos ao capitalismo passasse pela crença de que o gozo que nos impulsiona pudesse se realizar no interior das dinâmicas imanentes ao Capital, como se a lógica dessa dinâmica de produção fosse a expressão imanente de "nossa natureza".

---

sustenta por se apresentar como impossível para que, disso, ele se confirme como real (entendam, discurso real)" (LACAN. *Autres écrits*, p. 425).

[75] Sobre tal teoria libidinal do capitalismo, ver TOMSIC, Samo. *The Capitalist Unconscious: Marx and Lacan*. London: Verso, 2015; e OLIVEIRA, Cláudio. Capitalismo e gozo: Marx e Lacan. *Revista Tempo da Ciência*, v. 11, n. 22, 2004.

Ou seja, como se nosso desejo procurasse naturalmente o capitalismo, sua forma de produção e de existência.

Sublinhemos esse ponto a fim de entendermos melhor o tipo de contribuição que a psicanálise pode fornecer à crítica do capitalismo. Ela não explicará seu processo histórico de formação, a transformação das formas sociais de produção, nem procurará "psicologizar" as lutas políticas contra suas estruturas sociais de sujeição. Não existe nem pode existir uma "psicanálise do social", como se pudéssemos tratar a vida social como um campo de sintomas, mesmo que a vida social produza sintomas. É importante dizer isso para lembrar que lutas sociais não são sintomas, com sua lógica de mensagem cifrada direcionada a um Outro que ocupa um lugar de amparo. Elas são lutas sociais, com sua força imanente de destituição de autoridade e de realização de exigências de justiça.

No entanto, a psicanálise poderá expor de maneira precisa a "retórica" do Capital, suas estratégias de justificação das exigências de produção e trabalho a partir de um pretenso enraizamento da economia em nossa psicologia. Pois a economia é a continuação da psicologia por outros meios. Faz parte das estratégias retóricas de adesão ao capitalismo definir a forma de produção de riquezas e bens como expressão da satisfação de interesses e de maximização de prazer, definir os imperativos de concorrência e empreendimento como expressão de traços naturalizados do comportamento humano. Nossa servidão social é fundada na naturalização de certa psicologia que serve de base à economia reinante. É na decomposição de tal fundamento psicológico da economia que a crítica psicanalítica ao capitalismo se insere. Ela nos lembra como o capitalismo coloniza nosso gozo, e nossa única alternativa é retirar tal gozo para fora do modo de produção que o coloniza.

Notemos, por exemplo, um ponto preciso e fundamental da economia libidinal lacaniana, a saber, a maneira como Lacan irá ler a proposição marxista de que toda a racionalidade do processo produtivo no capitalismo está submetida à extração da mais-valia, seja em sua forma absoluta, seja em sua forma relativa. O fato de o horizonte do trabalho ser organizado não a partir da produção de valores de uso que estariam enraizados em nossos pretensos sistemas de necessidades, mas a partir de valorização exponencial do próprio valor não poderia deixar de exprimir certa forma de determinação social de nosso desejo.

A influência maior de Lacan nesse ponto encontra-se na crítica ao *homo œconomicus* feita por Louis Althusser em seu texto "O objeto do capital". Nesse texto clássico, Althusser lembra como Marx procura descrever uma mutação no próprio conceito de valor, separando-o das noções correntes de lucro, de renda. Conhecemos a importância, para Marx, da capacidade da força de trabalho em criar valor. Esse valor, no entanto, não está fundado em uma antropologia normativa na qual o próprio valor encontraria seu fundamento como expressão imediata de um sistema de necessidades que ele seria capaz de satisfazer.[76] Como se a "necessidade" do sujeito humano definisse, por si só, a natureza mesma da atividade econômica e fosse confirmada por ela.

Althusser insiste que o conceito de mais-valia quebra essa antropologia subjacente e "feliz", já que por trás

---

[76] "A economia clássica não pode pensar os fatos econômicos como pertencendo ao espaço homogêneo de sua positividade e mensurabilidade através da condição de uma antropologia 'ingênua' que funda nos sujeitos econômicos suas necessidades, todos os atos pelos quais são produzidos, repartidos, recebidos e consumidos os objetos econômicos" (ALTHUSSER, Louis (Ed.). *Lire Le Capital*. Paris: PUF, 1965, p. 368).

da economia não encontraremos mais a naturalidade do sujeito de necessidades à procura da melhor satisfação. Encontraremos uma dinâmica "automática" de autovalorização do valor, de transformação do próprio Capital em verdadeiro sujeito do processo econômico e motivador das condutas. Não encontraremos a expressão do sujeito pelo trabalho, mas a produção do sujeito pelas próprias dinâmicas de produção do valor. Como dirá Marx: "A produção produz não somente um objeto para o sujeito, mas um sujeito para o objeto".[77]

O que faz Lacan é tentar definir qual seria a base libidinal de tal forma de sujeição, de produção do sujeito pelo objeto do Capital, pois a reflexão política feita pela psicanálise nunca se contentou em explicar processos de sujeição social pela coerção e pela violência direta, embora ela nunca tenha negado suas existências. O problema político que a psicanálise herda da filosofia política moderna é: como os sujeitos assentem à sua própria servidão? A resposta de Lacan é: ao produzir uma mutação na racionalidade da produção econômica, o capitalismo mudou nossa forma de gozar.[78] Ele a submeteu ao ritmo da indiferença em relação aos objetos sensíveis, da intercambialidade do que tem seu modo de existência em uma axiomática genérica, do processo autorreferencial que tem um fim em si mesmo, cuja única finalidade é sua desmesura quantitativa. Assim, ele

---

[77] MARX, Karl. *Grundrisse*. São Paulo: Boitempo, 2011. p. 47.

[78] Esse é o sentido de afirmações como: "Nosso ponto de partida só pode ser a interrogação da ideologia do prazer a partir daquilo que nos permite compreender como meio envelhecido tudo o que ela sustentou. Para isto, convém colocar-se no nível dos meios de produção, já que são eles que agora condicionam, deste prazer, a prática" (LACAN. *Le Séminaire, livre XVI*, p. 112).

nos fez desejar tal qual trabalhadores submetidos ao Capital como sujeito automático. Entendamos melhor esse ponto. O capitalismo teria imposto a todas as esferas de reprodução social da vida ideais de conduta que se baseiam na racionalização das ações a partir de uma dinâmica de maximização de performances e intensidades. Ações que visam à pura maximização de performances devem se organizar de maneira homóloga a atividades econômicas baseadas na extração da mais-valia e, por consequência, nos processos de autovalorização circular do Capital. Essa racionalidade própria a uma sociedade organizada a partir da circulação do que não tem outra função a não ser se autovalorizar precisa socializar o desejo levando-o a ser causado pela pura medida da intensificação, pelo puro empuxo à ampliação que estabelece os objetos de desejo em um circuito incessante e superlativo chamado por Lacan de mais-gozar. Assim, é possível afirmar que "subjetivação 'contábil' e subjetivação 'financeira' definem em última análise uma subjetivação do excesso de si sobre si ou ainda pela ultrapassagem indefinida de si".[79]

Como se trata, porém, de uma lógica contábil e financeira, em momento algum o excesso deve colocar em questão a normatividade interna do processo capitalista de acumulação e desempenho. Pois esse é um excesso quantitativo que não se transforma em modificação qualitativa. Ao contrário, todo excesso é financeiramente codificável, é confirmação do código previamente definido, de um saber de inscrição e produção. Como diria Hegel a respeito de outros fenômenos, esse excesso é marca de uma má infinitude,

---

[79] DARDOT, Pierre; LAVAL, Christian. *La nouvelle ordre du monde*. Paris: La découverte, 2011, p. 437.

pois não passa ao infinito verdadeiro, este próprio às coisas que mudam sua forma de determinação a partir de si mesmas, infinito que se realiza por atualizar-se produzindo, paradoxalmente, a negação de si. Uma negação que, ao ser integrada, modifica processualmente a estrutura da totalidade anteriormente pressuposta. Antes, ele é o infinito ruim do que é sempre assombrado por um para além que nunca se encarna, para além cuja única função é marcar a efetividade com o selo da inadequação, do gosto amargo do "ainda não".[80] A análise do capitalismo sempre precisou de uma teoria dos dois infinitos. Assim, quando Lacan fala que o capitalismo é impulsionado por um "mais-gozar", há de se ouvir o que esse termo efetivamente diz: esse gozo é uma progressão ao infinito que nunca se atualiza e que, por isso, deve marcar todo objeto consumido com o "consumo" do objeto, ou seja, com o selo de sua anulação, de seu apagamento, de sua indiferença. O "mais-gozar" é, no fundo, um "ainda não gozar".

Por isso, há um giro no parafuso nessa teoria da economia libidinal do capitalismo. Ele está em proposições como "O mais-gozar é função da renúncia ao gozo sob o efeito do discurso".[81] Ou seja, esse gozo codificado pelo processo capitalista de produção é solidário de certa

---

[80] "A mais-valia é a causa do desejo do qual certa economia faz seu princípio: o da produção extensiva, logo insaciável, da falta-a-gozar" (LACAN. *Autres écrits*, p. 435). Essa lógica pode produzir, por sua vez, uma subjetividade marcada pela experiência da dívida, do endividamento contínuo. Ver, a esse respeito, ALEMAN, Jorge. *Razón fronteriza y sujeto del inconciente: conversaciones con Eugenio Trías*. Barcelona: NED Ediciones, 2020.

[81] LACAN. *Le Séminaire, livre XVI*, p. 19. Ou ainda: "o mais-de-gozar é outra coisa do que o gozo. O mais-de-gozar é o que precede não ao gozo, mas à perda de gozo" (LACAN. *Le Séminaire, livre XVI*, p. 116).

"renúncia" ao gozo.[82] Volta aqui a temática da renúncia ao gozo produzida pela submissão ao tempo alienado do trabalho (tema batailleano por excelência que nos lembra como o tempo do gozo e o tempo do trabalho não se confundem).[83] Para que o gozo se transforme em mais-gozar, em homólogo da mais-valia, ele deve perder sua capacidade de ser a força que me despossui e me reconfigura através da referência ao que me é qualitativamente diferente. Lacan fala, nesse contexto, em "renúncia ao gozo sob o efeito do discurso", porque o discurso produz uma perda através da inscrição do sujeito no significante, inscrição em um universo simbólico ordenado. A sujeição ao significante não poderia ser feita sem uma perda do gozo advindo das pulsões parciais, dessas pulsões que não conhecem referência a um Eu.

O patriarcado inerente ao Capital

É tendo tal problemática em vista que podemos entender melhor a singular maneira lacaniana de associar capitalismo e patriarcado. Em Lacan, o patriarcado não é simplesmente uma forma de dominação masculina baseada na divisão binária de gênero e em sua hierarquia histórica de dominação. Como não há sujeição sem alguma forma de satisfação, o patriarcado é uma forma de gozo que implica todos os sujeitos, independentemente

---

[82] O que explica por que ele não pode se sustentar sem sofrimento: "A maneira com que cada um sofre em sua relação ao gozo, enquanto ele só se insere em tal gozo através do mais-gozar, eis o sintoma" (LACAN. *Le Séminaire, livre XVI*, p. 41).

[83] "O trabalho implica a renúncia ao gozo" (LACAN. *Le Séminaire, livre XVI*, p. 39).

de sua orientação de gênero. Nesse sentido, o capitalismo precisa do patriarcado, precisa do primado do seu gozo fálico para submeter os sujeitos a uma forma de paralisia em relação à plasticidade do desejo em sua força de produção de outras formas de relação social. Ele precisa do patriarcado para domesticar os sujeitos sob uma forma política e fantasmática de dominação.

À primeira vista, pode parecer, no entanto, que Lacan entende essa ordem patriarcal como intransponível. Afinal, ele dirá em vários contextos que o falo "é o significante fundamental através do qual o desejo do sujeito pode se fazer reconhecer enquanto tal, quer se trate do homem ou quer se trate da mulher".[84] Isso demonstra como o falo permite a *construção de um Universal* capaz de unificar as experiências singulares do desejo.[85] Várias foram as críticas contra esse "monismo" fálico lacaniano, vindas principalmente de setores do feminismo.[86] Lembremos, por exemplo, de como Nancy Fraser sintetiza essas críticas, ao afirmar:

> Falocentrismo, lugar desprestigiado da mulher na ordem simbólica, a codificação da autoridade cultural como masculina, a impossibilidade de descrever uma sexualidade não fálica; em suma, grande número de estratégias historicamente

---

[84] LACAN, Jacques. *Le Séminaire, livre V: Les formations de l'inconscient.* Paris: Seuil, 1998, p. 273.

[85] Ponto bem desenvolvido por DAVID-MÉNARD. *Les constructions de l'universel.* Paris: PUF, 2006.

[86] Um dos fundamentos dessas críticas foi fornecido por Derrida, ao insistir que o primado lacaniano do falo significava: "só existe uma libido, logo, não há diferença, e menos ainda uma oposição na libido do feminino e do masculino, aliás, ela é masculina por natureza" (DERRIDA, Jacques. *A carta postal.* Rio de Janeiro: Civilização Brasileira, 2005, p. 528).

contingentes de dominação masculina aparecem agora como características invariantes da condição humana.[87]

Nesse sentido, a psicanálise apareceria como uma tecnologia para preservar a estrutura heteronormativa e binária que serviria de base para a colonização dos corpos através da normalização das posições de homens e mulheres. No caso de Lacan, teríamos um sistema de diferenças que não escaparia do binarismo sexual e da genealogia patriarcal do nome.[88]

Mas notemos inicialmente como há algo de singular nesse "para todos" produzido pelo reconhecimento do desejo através do falo. Pois o falo é, ao mesmo tempo, o significante por excelência do desejo[89] e *o significante que encarna a falta própria à castração*, "significante do ponto onde o significante falta/fracassa".[90] Estamos aí diante de

---

[87] FRASER, Nancy. *Fortunes of Feminism: From State-managed Capitalism to Neoliberal Crisis*. London: Verso, 2013. p. 146. Podemos encontrar críticas similares em BRAIDOTTI, Rose. *The Posthuman*. Cambridge: Polity Press, 2013, e em IRIGARAY, Luce. *Speculum: de l'autre femme*. Paris: Minuit, 1972.

[88] Como acusa PRECIADO, Paul. Intervenção na 49ª Jornada da Escola da Causa Freudiana. 17 nov. 2019. Disponível em: <http://lacanempdf.blogspot.com/2019/12/paul-b-preciado-intervencao-na-49.html>. Acesso em: 8 jun. 2020. Ver ainda RIVERA, Tania. Subversões da lógica fálica: Freud, Lacan, Preciado. 24 dez. 2019. Disponível em: <https://psicanalisedemocracia.com.br/2019/12/subversoes-da-logica-falica-freud-lacan-preciado-por-tania-rivera/>. Acesso em: 8 jun. 2020.

[89] "Ele não é simplesmente signo e significante, mas presença do desejo. É *a presença real*" (LACAN, Jacques. *Le Séminaire, livre VIII: Le transfert*. Paris: Seuil, 1998. p. 294. Grifo do original). Uma presença que transforma o falo em "significante do poder, o cetro e também isso graças a que a virilidade poderá ser assumida" (LACAN. *Le Séminaire, livre V*, p. 274).

[90] LACAN. *Le Séminaire, livre VIII*, p. 277.

uma contradição, salvo se admitirmos a existência de algo como um *desejo de castração* ou a sustentação necessária de uma inadequação radical entre o desejo e os objetos empíricos.[91] Não por outra razão, autores como Judith Butler acusarão Lacan de uma "idealização religiosa da 'falha', humildade e limitação diante da Lei"[92] politicamente suspeita. Pois Lacan teria insistido que a única forma possível de reconhecimento do desejo passaria pela sua inscrição simbólica através de um significante que é a própria encarnação do fracasso em nomear o desejo. Algo que mais pareceria uma teologia negativa travestida de clínica do sofrimento psíquico com consequências políticas paralisantes. Como seria paralisante a posição de quem sustenta uma ordem que ele sabe ser inadequada, mas sem ser capaz de superá-la. O que seria a mais astuta e perversa forma de conservação de uma lei que deveria há muito ter sido abandonada.

De fato, é para insistir na generalidade da castração que Lacan defende o falo como processo geral de socialização do desejo. Ou seja, o falo não é uma norma generalizada, mas uma inadequação generalizada. Se a castração não fosse um processo genérico e extensivo a todos, então teríamos de admitir que a vida social preserva alguns da violência de seus modos de determinação e limitação. Ou seja, deveríamos aceitar que há sujeitos que preservariam uma relação imanente ao gozo, sujeitos que entrariam na

---

[91] Já que o falo é apenas "um símbolo geral desta margem que sempre me separa de meu desejo" (LACAN. *Le Séminaire, livre V*, p. 243).

[92] BUTLER, Judith. *Gender Trouble*. New York: Routledge, 1999, p. 72. Para a relação entre Butler e a psicanálise lacaniana, ver MOREIRA, Maira. *O feminismo é feminino? A inexistência da mulher e a subversão da identidade*. São Paulo: Annablume, 2019.

ordem social sem serem marcados pela violência da alienação. O que seria, talvez, a pior de todas as fantasias de compensação à violência social, a saber, a fantasia de que há algum ponto no qual essa ordem social permite aos sujeitos que nós somos, sujeitos constituídos pela ordem social, não se sujeitarem. Ou seja, generalizar a castração é afirmar que nenhuma existência preserva-se da alienação, mesmo aquelas que, em nossas sociedades atuais, colocam-se como não binárias, como mutantes. Nenhuma existência pode falar em nome de uma diferença atual em meio à sociedade da violência capitalista ainda vigente. Isso será apenas uma forma de impostura.

No entanto, há ao menos dois tipos distintos de efeito resultantes dessa passagem pela castração: um produz os regimes de existência, outro abre espaço à experiência do inexistente. O primeiro caso nos leva ao gozo fálico, o outro nos leva às discussões sobre o gozo feminino. Esses dois efeitos, é sempre bom lembrar esse ponto, dão-se *nos mesmos corpos*. Os corpos humanos são atravessados por esses dois efeitos. Não há nenhum corpo humano que tenha sido submetido às formas do gozo fálico sem que isso não produza inadequações. Uma das razões da violência extrema daqueles que lutam por se reconhecerem no interior da lógica do gozo fálico é o fato de eles não saberem o que fazer com outra experiência de gozo que os assombra. Mais uma vez, não há binarismo em Lacan. Há monismo, mas não há posição sem uma pressuposição que a nega. Por isso, não há posição que não seja instável e aberta a um devir.

Nesse sentido, a insistência de Lacan em falar da irredutibilidade da diferença sexual não é simplesmente a expressão de sua dependência a um modo de existência heteronormativo. Isso significaria confundir diferença opositiva-representativa com diferença autorreferencial, o que só acontece em posições antidialéticas, o que não é o caso de Lacan. A diferença sexual, em Lacan, é a expressão de uma distância irredutível que me separa de mim mesmo, é a expressão do modo de relação que tenho em relação à minha própria "sexualidade". A diferença é interna a mim, não uma relação externa a outro. Ou seja, ela é uma diferença autorreferencial, não a expressão de oposições caracterizadas por incompatibilidades materiais. Ela não é a diferença entre homem e mulher, como dois conjuntos específicos de pessoas. E como ela poderia ser se a mulher é um inexistente? A diferença sexual é uma diferença interna entre a existência e aquilo que tal existência nega como inexistente para poder existir.[93] Afirmar tal distância interna a si tem uma forte razão política e transformadora.

Monique Wittig afirma, a respeito da noção de diferença sexual tal como Lacan a utiliza: "o conceito de diferença não tem nada de ontológico. É apenas uma maneira que o mestre tem de interpretar uma situação histórica de dominação. A função da diferença é mascarar, em cada nível, os conflitos de interesse, incluindo os ideológicos".[94] Pois "diferente" é aquilo sempre posto em relação de subalternidade. De onde se segue que seria necessário decompor a naturalização da relação social obrigatória entre "homem" e "mulher", levando tais categorias a seu ponto de exaustão.

De fato, não se trata de ontologizar a diferença, como se fosse possível sair da situação histórica atual a fim de

---

[93] O que não poderia ser diferente para alguém que dirá: "A sexualidade é exatamente este território onde não sabemos como nos situar a respeito do que é verdadeiro" (LACAN, Jacques. *Mon enseignement*. Paris: Seuil, 2006. p. 32).

[94] WITTIG, Monique. *The Straight Mind and Other Essays*. Boston: Beacon Press, 1992. p. 13.

dar validade atemporal àquilo que é fruto de coordenadas histórico-sociais precisas. Mas faz-se necessário falar de uma "ontologia para nós", ou seja, para nós tal experiência tem uma irredutibilidade ontológica.[95] Isso é dito tendo em vista impedir que se fale de uma existência que ainda não tem figura, e não deve ter. Pois não é exatamente a diferença que aparece como peso ontológico aqui, mas a inexistência. Compreender a função política de tal estratégia nos impediria de regredir à situação de criticar Lacan por ele nos colocar diante de necessidades que "escapam do controle da consciência e da responsabilidade dos indivíduos".[96] Pois imaginar que alguma forma efetiva de ação política será produzida pela consciência e por indivíduos agentes é desconhecer de onde pode realmente vir a agência emancipada. Ela certamente não virá do que se conforma como propriedade e atributo de um indivíduo. Pois toda e qualquer forma de indivíduo e consciência é determinada pela própria estrutura que nos faz existir e nos oprime. Por isso, uma ontologia do inexistente é politicamente necessária.

Gêneros de problema

Mas tentemos compreender melhor a estratégia de Lacan. Para entender o que é o gozo fálico, precisamos definir a forma como a castração funciona em seu interior. Ela aparece inicialmente como a afirmação de um "para todos", ou seja, sua dimensão de norma que determina a integralidade dos existentes é claramente assumida.

---

[95] Sobre esse conceito de "ontologia para nós", remeto a SAFATLE, Vladimir; CATALANI, Felipe. Adorno e a dialética: uma conversa a partir de Dar corpo ao impossível. *Princípios: Revista de Filosofia*, v. 26, n. 51, 2019.

[96] WITTIG. *The Straight Mind and Other Essays*, p. 15.

Mas tal assunção exige um complemento. A experiência da falta implicada pela castração pede necessariamente um complemento fantasmático. Como se fosse uma falta que simplesmente perpetuasse nossa dependência à expectativa de uma completude. A castração é reduzida assim a uma falta que é apenas o campo de retorno à fantasia de que há um lugar, há alguém que não passou pela experiência da castração, guardando para si a soberania da identidade imediata entre vontade e ação, entre querer e fazer.[97]

O sujeito pode tentar ocupar tal lugar em uma passagem ao ato de suas fantasias perversas, ou ele pode ser ocupado por um Outro que aparecerá como não castrado, um Outro a quem não falta nada e ao qual o sujeito devotará uma relação de sujeição. Esse Outro pode se encarnar em outro sujeito ou ser a Lei, a Missão, o Ideal, o Líder, o Pai, a Empresa, o Estado, a Mulher etc. Assim, se é verdade que "o homem sustenta seu gozo através de algo que é sua própria angústia",[98] há de se lembrar que tal angústia o leva normalmente a procurar alimentar a representação fantasmática de um lugar soberano de exceção. Sob o primado do gozo fálico, o sujeito estará assim sempre aberto ao investimento superegoico em figuras autoritárias que recuperam a estrutura do *pai primevo*, cuja vontade parece pairar acima de toda restrição. Ele gozará da falta (com a depreciação relativa dos objetos que se lhe apresentam) e da procura pela completude (com a idealização imanente a tal procura). Será um gozo fundado no jogo contínuo entre frustração e

---

[97] É isso que significa a fórmula da sexuação masculina ($\forall x \ \Phi x \ / \neg \exists x \ \neg \Phi x$), a saber: "todos passam pela castração" e "existe ao menos um que não passa pela castração". A contradição entre as duas proposições é o eixo de organização do gozo fálico (Ver LACAN. *Le Séminaire, livre XX*, p. 73).

[98] LACAN. *Le Séminaire, livre X*, p. 222.

idealização. Esse desejo como falta e restrição tem assim, necessariamente, um retorno catastrófico no campo do político (por se realizar libidinalmente no investimento de figuras e instituições autoritárias) e subjetivo (por fazer o sujeito depender seu gozo de sua própria frustração).

Mas há em Lacan algo mais do que o gozo fálico,[99] e é nesse ponto que podemos entender a natureza política do gozo feminino. O que o gozo feminino mostra é como é possível começar não exatamente da afirmação da castração como função de um "para todos" que constitui uma universalidade normativa e restritiva, mas começar da castração como *impasse de existência*, como pressão de um inexistente em direção a uma existência outra.[100] Essa recusa em vincular a castração ao advento de uma totalidade é feita porque, nesse contexto, a "falta" funciona de outra forma, produz outros efeitos. No caso da posição feminina, assumir a falta do desejo é, na verdade, a expressão da recusa a uma falsa totalidade em nome de uma totalidade outra que Lacan chama de "universal não todo". Isso é radicalmente distinto do ato de reconhecer a falta para sustentar o complemento fantasmático de um Outro não castrado.

Assim, se esse gozo feminino é próprio de uma posição que "não existe" (já que A mulher não existe), isso não é simplesmente culto da aporia ou teologia negativa. A inexistência deve ser entendida aqui como processo ativo que visa quebrar os limites dos modos atuais de existência, os limites das formas de gozo avalizadas pelo capitalismo e

---

[99] Como vemos, entre tantas outras referências, em LACAN. *Le Séminaire, livre XX*, p. 26.

[100] Por isso, a posição feminina não tem como proposição de base $\forall x\ \Phi x$, mas $\neg \exists x\ \neg \Phi x$, ou seja, seu fundamento é a impossibilidade de existência de alguém que não passou pela castração.

seu patriarcado. Essa inexistência é ativa, pois ela procura produzir outra ordem. A "impossibilidade de descrever uma sexualidade não fálica" à qual alude Nancy Fraser é, ao contrário, força de pressão que procura dar corpo ao impossível. Isso é uma estratégia de negatividade dialética, não uma mera contemplação passiva do impasse.

Nesse contexto, universal não todo é a expressão da possibilidade de uma relação entre o que nega a falsa totalidade (o que é não todo) e o que procura produzir um campo comum (o que sustenta ainda expectativas de universalidade). Ele é uma forma de a falta se servir do impasse, uma forma de o gozo se servir do desmedido e desidêntico, para se realizar como experiência de infinitude.[101] E não é um acaso que, nesse momento, encontremos os mesmos exemplos que Bataille utilizava para falar do erotismo e do sagrado sendo recuperados por Lacan. Basta lembrar de sua leitura sobre o gozo de Santa Teresa D'Ávila.

Alguns podem ver isso como uma forma insidiosa de empurrar o feminino para um misticismo etéreo e inapreensível. Última estratégia de colonização do feminino pelos fantasmas masculinos (uma mistura bastante usual de santa e puta que só faria sentido no interior dos fantasmas masculinos). Mas isso seria perder o eixo central da estratégia de Lacan, a saber, insistir que o poder (nesse caso, o poder religioso) tenta colonizar um gozo que pode ultrapassá-lo, obrigando a vida social a lidar com o que quebra seus regimes de existência, de hierarquia e produção. E para fazer esse gozo emergir, é necessário que a experiência

---

[101] Pois: "Desde que você está diante de um conjunto infinito, você só saberia afirmar que o não-todo comporta a existência de algo que se produz de uma negação, de uma contradição. Você pode a rigor lhe afirmar como sendo uma existência indeterminada" (LACAN. *Le Séminaire, livre XX*, p. 94).

confronte-se a seu ponto extremo de contradição, é necessário que a linguagem encontre seu ponto de torção, até que ela seja obrigada a dizer: "*Se houvesse outro*, mas não há outro que o gozo fálico – a não ser aquele sobre o qual a mulher não diz uma palavra, talvez porque ela não o conheça, esse que a faz não toda. É falso que exista outro, o que não impede que a continuação seja verdadeira, a saber, que não deveria ser este".[102]

Essa língua que fala "Não há outro gozo [...] salvo esse do qual não se fala, salvo esse que, se houvesse, seria outro", língua que fala "É falso que haja outro, o que não impede de dizer que não deveria ser este", é a fotografia de um processo de emergência que leva a língua a seu ponto de torção. Processo que recusa identificação, que recusa nomeação e identidade, fazendo colapsar a ordem por dentro, como algo indescritível que nasce do que parecia o mais familiar. Essa é uma estratégia política de produção de diferença que não poderia, em hipótese alguma, ser confundida com uma dinâmica de restauração.

Pode-se criticar Lacan por colocar a mulher em uma posição na qual ela nada fala sobre seu gozo, na qual ela nada conhece de seu gozo. Mas para tanto seria necessário lembrar que esse desconhecimento é, para Lacan, constituinte de nossos modos gerais de alienação. A posição masculina crê falar e se encontra a todo momento em uma fala vazia que não é outra coisa além da simples repetição do código. Nesse contexto, nada falar é o começo de uma verdadeira transformação.

Por outro lado, poderíamos dizer que a psicanálise lacaniana é absolutamente indiferente ao problema da performatividade de gênero. Ela não tem problema al-

---

[102] LACAN. *Le Séminaire, livre XX*, p. 56.

gum em assumir múltiplas inscrições de gênero. Pois sua questão central encontra-se em outro lugar, a saber, nas estruturas de relacionalidade (que, é claro, não podem ser abstraídas das determinações de gênero).[103] Ela procura levar os corpos a assumirem uma forma de relacionalidade na qual possa circular um gozo que nos desacostume do regime identitário, acumulador e contábil próprio ao capitalismo. Essa forma pode ocorrer em regimes múltiplos de relacionalidade, até mesmo entre uma mulher e um homem.[104]

O capitalismo forclui a castração?

É nesse ponto que talvez fique mais clara uma afirmação central de Lacan, como: "O que distingue o discurso do capitalismo é isto – a *Verwerfung*, a rejeição para fora de todos os campos do simbólico [...] a rejeição do quê? Da castração. Toda ordem, todo discurso que semelhante ao capitalismo deixa de lado o que nós chamamos simplesmente de as coisas do amor".[105]

---

[103] Ver, a esse respeito, LACAN. *Le Séminaire, livre XX*, p. 131, em que Lacan fala de uma relação de reconhecimento no interior da qual a relação sexual cessa de não se inscrever.

[104] Por isso, outra dimensão da crítica de Monique Wittig a Lacan nos parece inadequada. A acusação de que a psicanálise lacaniana naturaliza o contrato heterossexual, impedindo qualquer outra forma de produção categorial para além desse horizonte, não dá conta da sua maneira de compreender como esse "contrato" deve ser quebrado pelo processo analítico, como a experiência de opressão que ele implica não é de forma alguma negligenciada. Apenas a injunção social "você-será-straight-ou-não-será" deve ser tomada no sentido dialético acima descrito. O não-ser não é nada.

[105] LACAN, Jacques; Je parle aux murs... Paris: Seuil, 2011, p. 96.

Uma leitura incorreta dessa afirmação nos levaria a crer que Lacan acusa o capitalismo de desconhecer a impossibilidade de satisfação do desejo, sua falta constitutiva, isso através de uma proliferação de meios de incitação e prazeres. Um pouco como se estivéssemos a ver mais uma versão de uma crítica moral ao pretenso hedonismo capitalista. O capitalismo desconheceria a castração, porque ele nos imporia um conjunto incontável de satisfações substitutivas. Poderíamos ainda nos perguntar se Lacan desconhece um fenômeno bem descrito por Deleuze e Guattari a respeito do modo de funcionamento do desejo sob o capitalismo. Pois, nessa leitura, o capitalismo seria solidário da redução do desejo ao registro da possessão e, consequentemente, da falta. Essa redução do desejo ao registro da falta faria da castração a experiência por excelência de socialização do desejo.[106] Sob o capitalismo, os sujeitos veriam no desejo a expressão do que só se manifesta como incompletude e inadequação. Como se o capitalismo fosse um sociedade da insatisfação administrada. O que leva Deleuze a afirmar:

> Costumam-nos dizer: vocês não compreendem nada. Édipo não é papai-mamãe, é o simbólico, a lei, o acesso à cultura, é a finitude do sujeito, a "falta-a-ser que é a vida". E se não é Édipo, será a castração e as pretensas pulsões de morte. Os psicanalistas ensinam a resignação infinita, eles são os últimos padres (não, ainda haverá outros).[107]

Ou seja, a castração aparece aqui como o emblema de uma resignação infinita diante da impossibilidade do gozo e

---

[106] Ver DELEUZE; GUATTARI. *L'anti-Œdipe*, p. 98.

[107] DELEUZE, Gilles; PARNET, Claire. *Dialogues*. Paris: Flammarion, 1977. p. 100.

da finitude do sujeito. Ela imporia uma pragmática da inadequação que só poderia ter consequências morais e políticas deletérias. No entanto, o fenômeno que Lacan tem em vista é outro quase inverso, a saber, a maneira como tal inadequação não é uma resignação, mas o caminho de uma produção. Nesse sentido, lembremos como o problema da castração acabará por se enquadrar nas discussões a respeito da realização da relação sexual:

> A castração, a saber que o sujeito realiza que ele não tem o órgão do que eu chamaria de o gozo único, unitário, unificador. Trata-se propriamente do que faz um o gozo na conjunção de sujeitos do sexo oposto, ou seja, daquilo que insisti no ano passado relevando o fato de não haver realização possível do sujeito como elemento, como parceiro sexual no que se imagina a unificação no ato sexual.[108]

Ou seja, a castração aparece como a realização da ausência do que poderia assegurar a realização fusional de um gozo unitário. Se esse gozo unitário existisse, ele asseguraria uma espécie de univocidade do ser capaz de permitir aos sujeitos uma conjunção que seria retorno à submissão da experiência a um pensamento identificador. Não há univocidade possível, é o que diz a castração. Por isso, não há realização possível do sujeito como parceiro sexual no que se imagina a unificação no ato sexual. Aqui, pode ficar mais claro por que Lacan dizia não haver relação sexual. Pois era o caso de lembrar que o gozo não habita espaços de fusão nem de complementaridade. Não, nós não nos complementamos, somos muitos mutilados para querermos nos complementar, ou mesmo para que o ato de complementar tenha algum sentido.

---

[108] LACAN. *Le Séminaire, livre XV*. Sessão de 17 de janeiro de 1968.

Não existir relação sexual, perceber que ela não existe é uma certa astúcia. A astúcia de quem diz: somos muito mutilados para termos direito de existência, há algo em nós que lembra que poderíamos ser outro e que acaba por nos levar a amar a inexistência.

É isso que leva Lacan a afirmar que a castração marca "a desigualdade do sujeito em relação a toda subjetivação possível de sua realidade sexual".[109] Esse ponto é decisivo. Se há uma desigualdade entre os procedimentos de subjetivação e o sexual, se não é possível subjetivar o sexual em sua integralidade, como podemos fazer, por exemplo, quando dizemos ter "a minha sexualidade", submetendo o sexual à condição de atributo predicativo de um sujeito, é porque o sexual é o próprio espaço no qual algo que se coloca como diferença irredutível emerge. A inscrição dessa diferença será operação política fundamental, porque ela fornecerá a matriz para as relações gerais à diferença no interior da vida social. Como se o problema da diferença no campo do sexual fornecesse a base para as múltiplas formas de relação à diferença em outros campos da experiência social.

Isso explica por que talvez a mais importante proposição aqui é: "a castração, que é o signo que adorna a confissão de que o gozo do Outro, do corpo do Outro só se promove da infinitude".[110] Ou seja, por mais contraintuitivo que isso possa parecer, a castração aparece como condição para a realização de certa infinitude ligada ao gozo. Porque, nesse contexto, a castração indica que a relação sexual, essa forma de relação entre sujeitos encarnados mediada pelo desejo e pela linguagem, essa relação entre corpos que são também corpos falantes, que são libido e articulação significante, não

---

[109] LACAN. *Le Séminaire, livre XV*. Sessão de 7 de fevereiro de 1968.

[110] LACAN. *Le Séminaire, livre XX*, p. 13.

pode se realizar como unidade, como afirmação do primado do Um, como constituição de relações de complementaridade, de simetria. Ela se realiza como relação em disjunção: única forma, aos olhos de Lacan, para emergir uma relação à diferença que é tópico fundamental da contribuição ética e política da psicanálise. Mas essa é uma maneira de abrir a experiência à possibilidade de um gozo outro.

Nesse sentido, a afirmação de que o capitalismo forclui a castração significa insistir que, em seu interior, não há espaço para uma infinitude que não se dê sob a forma infinito ruim do mais-gozar e de sua maximização de performances, da procura infinito ruim pelo mais-gozar. Uma infinitude que nos lembra de que sua atualização só pode se dar sob a condição da dissolução dos modos de relação como até agora se constituíram e até agora permitiram a reprodução material de nossa vida social. É por isso que o capitalismo nada sabe sobre as coisas do amor, pois, como o erotismo em Bataille, o amor não saberia o que fazer no interior de um infinito contábil. Por outro lado, a ideia da forclusão aqui apela a uma noção de expulsão da ordem simbólica e de retorno no real sob as formas múltiplas do delírio social. O gozo expulso da ordem simbólica não é simplesmente eliminado, ele retorna como o que parece a todo momento colocar tal ordem em xeque de fora, ele a assombra com todas as formas paranoicas do delírio (perseguição, grandeza, destruição etc.).

O que a psicanálise lacaniana nos mostra, assim, é que a direção do tratamento, as modalidades de intervenção clínica, são indissociáveis do aprofundamento da crítica em relação à economia libidinal de uma ordem social que se confunde com o capitalismo e suas formas de existência. Ela nos leva a romper nossa solidariedade com tal ordem em nome de um gozo que o capitalismo procura, por todos os meios, destruir.

Capítulo 3
Transferência, ou Quando os objetos agem em nós

Receio que não nos livraremos de Deus
pois ainda cremos na gramática.

Nietzsche

Em 1963, Lacan é expulso da Sociedade Francesa de Psicanálise, o que o levará a fundar sua própria escola, no ano seguinte. A partir desse momento, ele não será apenas um psicanalista, mas também o responsável por sustentar um novo vínculo de formação e transmissão que se chamará, durante 15 anos, "Escola". De 1964 a 1980, ele será a figura principal da Escola Freudiana de Psicanálise, cuja dissolução será produzida pelo seu próprio fundador. Nesse sentido, o que veremos será a experiência de constituição de modos de vínculos sociais e de seu fracasso. Devemos pensar claramente nos dois fatos.

Tal situação leva inicialmente Lacan a escrever de forma mais explícita sobre problemas de organização e sobre a forma como a experiência psicanalítica, longe de produzir novas configurações de vínculos sociais com força emancipatória, havia produzido novas formas de burocracia. Nesse sentido, suas críticas à Sociedade Internacional de Psicanálise (IPA) não serão movidas apenas por questões internas a lutas por hegemonia no interior do círculo de psicanalistas. Elas serão a forma da denúncia das consequências do desconhecimento que os próprios analistas teriam daquilo que Lacan chama de "ato analítico". Ou seja, Lacan insiste que os problemas de organização dos psicanalistas são problemas internos à própria teoria e prática analítica, não apenas um equívoco exterior àquilo que a psicanálise traz enquanto experiência. Dessa forma, ele dá o passo decisivo de afirmar que não há experiência psicanalítica que não nos leve, necessariamente, ao redimensionamento das possibilidades da vida social.

Nesse processo, Lacan trará revisões importantes a respeito daquilo que pode sustentar laços sociais capazes de realizar expectativas de emancipação. A figura do laço social fundado na identificação ao lugar vazio do poder não terá mais a mesma função ordenadora de antes. O que não poderia ser diferente, já que a própria orientação do desejo do analista como desejo puro será revista.[111]

Tomemos, por exemplo, o primeiro princípio que Lacan apresenta ao discutir as estruturas de organização da Escola Freudiana de Psicanálise, a saber: "O psicanalista só se autoriza de si mesmo".[112] Ou seja, o tornar-se psicanalista não é algo autorizado pela realização de baterias de testes, de conformação a princípios garantidos por uma instituição, de formação curricular. O psicanalista se autoriza a partir de si mesmo quando "ele se transforma

---

[111] "O desejo da análise não é um desejo puro. É um desejo de obter a diferença absoluta, a que ocorre quando, confrontado ao significante primordial, o sujeito vem pela primeira vez em posição de se assujeitar. Apenas aí pode surgir a significação de um amor sem limite, porque ele está fora dos limites da lei, onde apenas ele pode viver" (LACAN, Jacques. *Le Séminaire, livre XI: Les quatre concepts fondamentaux de la psychanalyse*. Paris: Seuil, 1973. p. 248).

[112] LACAN. *Autres écrits*, p. 243.

no analista de sua própria experiência". Isso significa que ele desaloja e destitui o saber daquele que até então era o seu analista, que ele destitui o saber daquele que até então era o seu analista. O que não poderia ser diferente para alguém que havia dito:

> No recurso que preservamos de sujeito a sujeito, a psicanálise pode acompanhar o paciente até o limite estático do "tu és isso", no qual se revela a ele a cifra de sua destinação mortal, mas não está em nosso poder de clínicos levá-lo a esse momento no qual começa a verdadeira viagem.[113]

Ou seja, a experiência da interlocução analítica pode levar o sujeito à confrontação com essas palavras plenas que definiram seu destino, que constituíram suas posições. Mas a verdadeira viagem, essa na qual a singularidade pode de fato começar a emergir para além do limite estático dos atos de fala que nos inscreveram e constituíram, é algo cujos caminhos não são exatamente objeto da intervenção clínica. Eles podem, no máximo, ser desencadeados por ela, para além dela. Por isso, décadas depois, Lacan dirá que esse transformar-se no analista de sua própria experiência não exige autorização de ninguém e haverá mesmo sujeitos, ao menos para Lacan, que serão analistas de sua própria experiência sem passar necessariamente por uma psicanálise, como será o caso, por exemplo, de James Joyce.

No entanto: "isso não exclui que a Escola garanta que um analista seja algo de sua formação". Ou seja, mesmo que a autorização do psicanalista diga respeito apenas a si mesmo, pode haver um laço social, chamado Escola, que permita a formação de tal autorização. Mas essa Escola não

---

[113] LACAN. *Écrits*, p. 100.

será exatamente caracterizada por uma formação no sentido tradicional no termo. Mais do que "ensino", a Escola deve garantir uma "transmissão". Notemos que, no interior do pensamento lacaniano, ensino e transmissão não são exatamente equivalentes. É interessante notar como Lacan constantemente reclamará da ausência de leituras dos psicanalistas, de seu desconhecimento de saberes, de suas dificuldades em operar com conceitos etc. No entanto, para isso não seria necessário uma escola de psicanálise, mas alguma forma de instituição de formação. O que explica por que Lacan afirmará: "Há solidariedade entre a pane, ou mesmo os desvios que a psicanálise mostra e a hierarquia que aí reina – e que nós designamos como a de uma cooptação de sábios".[114]

Pois, se Lacan dirá: "há um real em jogo na própria formação do psicanalista",[115] há sobretudo de entender que a única razão efetiva de existência da escola é a transmissão de tal real. Há uma organização fundada sobre a possibilidade de circulação não dos efeitos imaginários de grupo, ou mesmo dos vínculos simbólicos a sistemas de regras e normas, mas de um real que tem a força de formar analistas e produzir emancipação. Real esse vinculado à possibilidade de emergência de uma forma de laço social na qual a transmissão de um ato seja possível. Esse é o primeiro dado que precisamos levar em conta: aquilo em que Lacan se engaja é na produção de um laço social capaz de ser produzido a partir de certa experiência do Real. Um laço, por isso, capaz de realizar socialmente processos de transformação.[116]

---

[114] LACAN. *Autres écrits*, p. 245.

[115] LACAN. *Autres écrits*, p. 244.

[116] Sobre a natureza da transformação em Lacan, ver DUNKER, Christian. Teoria da transformação em psicanálise: da clínica à política. *Psicologia Política*, v. 17, n. 40, p. 569-588, set.-dez. 2017.

Nesse sentido, é sintomático que, quando começar a escrever sobre o que deveria ser uma escola de psicanálise, Lacan discutirá principalmente a transferência. Não porque os vínculos que fundarão a Escola serão vínculos transferenciais, mas porque a Escola deveria ser o destino daqueles que se confrontaram com esse Real que aparece como saldo necessário da liquidação da transferência. Nesse sentido, a Escola aparece como um laço social que vincula aqueles que passaram pela experiência da liquidação da transferência.

Problemas de transferência

"No começo da psicanálise, está a transferência."[117] A colocação de Lacan é clara na sua decisão em privilegiar a transferência como eixo fundamental do processo analítico. Muito mais do que a interpretação e seus processos de simbolização vinculados, de maneira privilegiada, ao complexo de Édipo e à teoria da sexualidade infantil, Lacan insistirá que a experiência analítica é um manejo da transferência.

Notemos inicialmente como a transferência é um operador psicanalítico que tem clara matriz ligada a questões de ordem política. Lembremos inicialmente como a compreensão de que a relação interpessoal entre paciente e médico é um espaço privilegiado nos processos de cura foi uma constante a partir do início do século XIX. Alguns, como Michel Foucault, chegam a ver nele o motor fundamental para o advento da psiquiatria moderna de Phillipe Pinel,

---

[117] LACAN. *Autres écrits*, p. 247. Os textos fundamentais de Lacan sobre a transferência são: "Intervenção sobre a transferência", "Direção da cura e os princípios do seu poder" e "Proposição do 9 de outubro de 1967 sobre o analista da Escola". Os dois primeiros se encontram nos *Escritos*; o último foi editado nos *Outros Escritos*.

de Samuel Tuke, com seus métodos de intervenção.[118] Para tanto, ele não teme recorrer a Esquirol, para quem a terapêutica da loucura seria "a arte de subjugar e de domar, por assim dizer, o alienado, pondo-o na estreita dependência de um homem que, por suas qualidades físicas e morais, seria capaz de exercer sobre ele um ímpeto irresistível e de mudar a corrente viciosa de suas ideias".[119]

Pois o reconhecimento do poder terapêutico dessa sugestão e influência, um poder terapêutico que teria levado tais processos a serem vistos como peças maiores daquilo que chamávamos à época de "tratamento moral", seria, para Foucault, decisivo para a "invenção" do psicológico, ou seja, para o reconhecimento de uma causalidade estritamente psicológica daquilo que hoje compreendemos como "doenças mentais". Uma genealogia da transferência nos mostra como sua realidade esteve, desde o início, profundamente ligada a uma reflexão sobre o poder e sua força de produção de modos psíquicos de sujeição.

Por outro lado, o conceito de transferência, tal como ele aparece no início do século XX, será também tributário de uma reflexão sobre fenômenos de imitação e mimetismo no interior de vínculos sociopolíticos próprios das sociedades de massa. Vemos isso claramente nas reflexões de "psicólogos sociais" como Gustave Le Bon e Gabriel Tarde a respeito do comportamento imitativo das massas. Reflexões importantes para Freud pensar a dinâmica das identificações (ver, principalmente, os primeiros capítulos

---

[118] FOUCAULT, Michel. *O poder psiquiátrico*. São Paulo: Martins Fontes, 2006.

[119] ESQUIROL, Jean-Étienne. *Des établissements consacrés aux aliénés em France et des moyens d´améliorer le sort de ces infortunés*. Paris: Imprimerie de Madame Huzard, 1819. p. 11-12.

de *Psicologia das massas e análise do eu*). A esse quadro devemos acrescentar ainda as reflexões de Max Weber sobre o carisma "hipnótico" de lideranças em sociedades pré-modernas.[120]

Lembremo-nos, por exemplo, de Gabriel Tarde em seu *As leis da imitação*, um dos livros fundadores da psicologia social e que Freud certamente conhecia. Tarde dirá: "o ser social, enquanto social, é por essência imitador. A imitação desempenha nas sociedades um papel análogo àquele da hereditariedade nos organismos e da ondulação nos corpos brutos".[121] No entanto, essa imitação fundamental para a reprodução do vínculo social seria um fenômeno, em larga medida, desenvolvido de maneira inconsciente. Daí por que Tarde irá descrever o homem social como um "verdadeiro sonâmbulo",[122] como alguém em estado constante de hipnose, já que, em todos os três casos (sonambulismo, hipnose, ação social), encontramos a ilusão de ter ideias espontâneas, sendo que são sugestionadas.

Mas, a fim de dar conta deste esquema de reprodução social através da imitação, Tarde precisa insistir no papel formador das relações de autoridade e de prestígio. Daí afirmações como:

> Foi necessário *a fortiori* no início de toda sociedade antiga uma grande autoridade exercida por alguns homens soberanamente imperiosos e afirmativos. Foi através do terror e da impostura, como se diz normalmente, que eles

---

[120] WEBER, Max. *Economia e sociedade*. Brasília: Editora da UnB, 1982.

[121] TARDE, Gabriel. *Les lois de l'imitation*. Paris: Kimé, 2000, p. 12. Sobre a crítica a toda tentativa de reduzir Tarde ao psicologismo, ver DELEUZE, Gilles. *Différence et répétition*. Paris: PUF, 1969. p. 104-105.

[122] TARDE. *Les lois de l'imitation*, p. 84.

reinaram? Não, essa explicação é claramente insuficiente. Eles reinaram graças a seu prestígio.[123]

A fim de explicar o que entende por prestígio, por certa forma de admiração capaz de sustentar relações sociais, Tarde faz então apelo às relações próprias à hipnose. Segundo ele, o hipnotizado tem uma "força potencial de crença e de desejo, imobilizada em lembranças de toda natureza, adormecidas mas não mortas".[124] O hipnotizador será aquele capaz de, através do seu prestígio, atualizar tal força potencial, atualizar esse desejo imobilizado em lembranças de toda natureza. Diríamos hoje que ele será aquele capaz de se colocar como sujeito suposto saber, saber a respeito da verdade do meu desejo. O que Tarde não está longe de aceitar, ao dizer: "Obedecer a alguém não é sempre querer o que ele quer ou parece querer?".[125] Tal relação de hipnose social baseada em relações assimétricas de prestígio poderia nos explicar aquilo que Tarde chama de "a passividade imitativa do ser social". Uma passividade que o leva mais tarde a dizer que a "sociedade é a imitação e a imitação é uma espécie de sonambulismo".[126]

---

[123] TARDE. *Les lois de l'imitation*, p. 86.

[124] TARDE. *Les lois de l'imitation*, p. 87.

[125] TARDE. *Les lois de l'imitation*, p. 97.

[126] TARDE. *Les lois de l'imitation*, p. 97. Monique David-Ménard nos mostra como a transferência não é simplesmente imitação, mas transposição: "a instauração de uma relação regulada entre vários lugares cujas regras de funcionamento, sem serem idênticas, são ligadas por relações estáveis durante um certo tempo" (DAVID-MÉNARD, Monique. *Éloge des hasard dans la vie sexuelle*. Paris: Hermann, 2011. p. 204). O que importa nessa transposição é que os interstícios que separam os diversos lugares abram espaço à contingência e permitam transformações.

Um banquete entre sujeitos e objetos

Essa digressão está aqui porque é necessário ter tais debates em mente a fim de entender a razão de discussões sobre a estrutura da transferência ocuparem lugar tão central nas reflexões de Lacan a respeito do funcionamento da Escola. A transferência é indissociável de uma reflexão sobre o destino de relações políticas ligadas à autoridade e à força de sujeição psíquica a partir de processos miméticos. Ela responde pela maneira como é possível destituir relações de poder. Ou seja, o problema político central de um ponto de vista psicanalítico é como destituir relações de poder e como tal destituição pode ser peça fundamental na cura do sofrimento psíquico. Como já foi dito, tal modificação pode ter força clínica porque as relações de autoridade, hierarquia e poder nos fazem sofrer. Elas definem formas de existência como formas de sujeição, fazendo da normalidade psíquica a aceitação de normas de forte conteúdo disciplinar e estereotipado. O que a reflexão lacaniana sobre a transferência nos mostra é que só podemos destituir o poder quando destituímos não seus ocupantes, mas a forma da agência que ele pressupõe, a gramática do seu exercício. Mundos não são transformados ocupando os lugares dos antigos senhores, mas destruindo os próprios lugares, decompondo a gramática que lhes sustenta. Matar senhores nunca foi a ação mais difícil. Mais difícil sempre foi se recusar a ocupar seus lugares, recusar a agir como até agora se agiu.

Mas antes de discutir esse ponto, lembremos como Lacan necessita afirmar que a existência da transferência produz uma objeção clara à noção de intersubjetividade. Entre transferência e intersubjetividade há uma relação de refutação. Essa é uma afirmação importante, já que a noção de intersubjetividade foi, ao menos até o começo dos anos 1960, o eixo principal da racionalidade do processo analítico para Lacan.[127] Dentre tantas afirmações, lembremo-nos de como Lacan dizia, ainda na década de 1950: "O sujeito começa a análise falando de si sem falar a você, ou falando a você sem falar de si. Quando ele for capaz de falar de si a você, a análise estará terminada".[128] Ou seja, nesse momento, o final da análise está relacionado à emergência de uma relação intersubjetiva de reconhecimento entre sujeitos. No entanto, o eixo da transferência não se encontra em uma relação de reconhecimento entre sujeitos, mas entre sujeito e objeto. A transferência não se realiza em uma relação de reconhecimento entre sujeitos, esse é um ponto central que merece ser salientado. Ela se realiza em uma relação de reconhecimento entre sujeito e um objeto que causa seu desejo.

Isso explica por que Lacan inicia lembrando que a transferência não é exatamente uma relação entre dois sujeitos, mas entre um sujeito e um sujeito suposto saber. Há um Outro, que define o lugar do analista, caracterizado por ser efeito de uma suposição e por ser suporte de uma expectativa de saber. Na transferência, o Outro aparece como capaz de um saber sobre a verdade do desejo do sujeito. Ou seja, a suposição em questão é crença na associação entre saber e verdade, entre articulação significante, com sua possibilidade de inscrição simbólica do desejo e de seu objeto, e experiência de verdade. Essa crença é uma espécie de

---

[127] A esse respeito, tomo a liberdade de remeter a SAFATLE, Vladimir. *A paixão do negativo: Lacan e a dialética*. São Paulo: Unesp, 2006.

[128] LACAN. *Ecrits*, p. 373.

efeito de estrutura, ou seja, efeito da capacidade do analista em ocupar certos lugares, ouvir a partir de certos lugares, manejar certos sistemas de repetição. O que explica por que Lacan afirma: "Um sujeito não supõe nada, ele é suposto. Suposto pelo significante que o representa para um outro significante".[129]

Nesse sentido, o processo analítico poderá ser descrito como uma dessuposição de saber. Dessuposição que não afetará simplesmente a figura imaginária específica do analista, mas também a estrutura significante que o supõe. O que pode começar a nos auxiliar a entender o que tal dessuposição pode realmente significar no que se refere às relações de poder, quais são seus efeitos transformadores esperados.

No começo dos anos 1960, Lacan irá se servir de *O banquete*, de Platão, para falar dessa especificidade do processo transferencial. De certa forma, a leitura de Lacan faz de Sócrates o primeiro analista, assim como faz da resposta de Sócrates ao desejo de Alcebíades a primeira lição de manejo da transferência que teríamos conhecido.[130]

Notemos, inicialmente, como essa escolha tem uma clara conotação política. Nos diálogos de Platão, Alcebíades não é apenas aquele que não sabe como governar a si mesmo. Ele também é aquele que espera poder governar a pólis, governar os outros. De certa forma, Sócrates é aquele que tenta mostrar a Alcebíades como ele não será capaz de governar a cidade enquanto não for capaz de governar a

---

[129] LACAN. *Autres écrits*, p. 248.

[130] Para a interpretação lacaniana de Platão, ver principalmente RAJCHMAN, John. *Truth and Eros: Foucault, Lacan and the Question of Ethics*. New York: Routledge, 2013; e HERION, Jean-Louis. *La cause du désir: l'agalma de Platon à Lacan*. Paris: Point Hors Ligne, 1993.

si mesmo.[131] No entanto, o governo de si não se confunde, ao menos para Lacan, com uma dominação de si com suas dinâmicas de controle. Na verdade, podemos mesmo dizer que governar a si mesmo é indissociável da capacidade de reconhecer: "este resto que como determinando a divisão do sujeito, o faz decair de seu fantasma e o destitui como sujeito".[132] Para Lacan, se Sócrates mostra algo a Alcebíades, é como não haverá governo de si enquanto ele não for capaz de se confrontar com o objeto que causa seu desejo, mas confrontá-lo em um ponto no qual tal relação ao objeto se constitui em um campo onde o fantasma decaiu e o próprio sujeito foi destituído.

Por isso, Lacan insiste na maneira como Sócrates afirma que Alcebíades se engana a respeito de seu desejo, pois, apesar de suas demonstrações e louvores, não é exatamente ele, Sócrates, quem Alcebíades deseja, mas os *agalmatas* que ele porta, que são a expressão do que Lacan chama de objeto *a*. O que Sócrates faz, pois, é uma operação de separação, na medida em que tenta mostrar a Alcebíades uma distância entre *I* e *a*, entre o ideal do Eu e o objeto que o sustenta. Ao expor tal distância, Sócrates produz uma espécie de curto-circuito no sistema de identificações que sustentava a posição de Alcebíades, já que o ideal do Eu não aparece mais, como aparecia outrora, como o ponto de transcendência necessário à afirmação da emancipação em relação aos objetos imaginários. Ele aparece como uma

---

[131] Ver, por exemplo, PLATÃO. *Primeiro Alcibíades*. Belém: Editora da UFPA, 2015

[132] LACAN, Jacques. *Autres écrits*, p. 249. Pois, no desejo, trata-se "justamente de fazer do objeto que o amor nos designa algo que, primeiramente, é um objeto e, em segundo lugar, um objeto diante do qual nós desfalecemos, nós vacilamos, nós desaparecemos como sujeito" (LACAN. *Le Séminaire, livre VIII*, p. 207).

vestimenta que sustenta o sujeito por impedi-lo de se confrontar com um objeto sem lugar que, no entanto, causa-o, leva-o a agir, determina sua ação e o constitui.

De um lado, esses objetos *a* são aquilo que a psicanálise compreende por "objetos parciais" (fezes, seio, olhar, voz etc.), ou seja, objetos de pulsões parciais, dispostos em uma zona intermediária entre meu corpo e o corpo do Outro, que o sujeito deve "perder" para constituir uma imagem unificada do corpo próprio através do estádio do espelho. Mas mesmo perdendo a possibilidade de fazer referência a esses objetos, eles continuam a causar o desejo do sujeito. Uma causalidade sempre explosiva para a identidade do Eu, já que esses objetos trazem a marca histórica da exclusão, das relações não especulares, não identitárias. Por outro lado, Lacan aproxima tais objetos do que os gregos entendiam por *agalma*. Para entender tal costura, lembremos de Lacan afirmando:

> Não sei por que, após ter dado uma conotação tão pejorativa ao fato de considerar o outro como objeto, nunca se tenha notado que considerá-lo como um sujeito não é melhor [...] se um objeto equivale a outro, para um sujeito a situação é bem pior. Pois um sujeito não vale simplesmente por outro – um sujeito, de maneira estrita, é um outro. Um sujeito estritamente falando é alguém a quem podemos imputar o quê? Nada mais do que ser como nós [...] do que poder entrar em nosso cálculo como alguém que opera combinações como nós.[133]

Não por acaso, essa afirmação está em *O Seminário, livro 8*. Lacan afirma que ser objeto no amor não é, necessariamente, ser submetido à vontade de um sujeito, mas

---

[133] LACAN. *Le Séminaire, livre VIII*, p. 178-179.

pode significar simplesmente ser objeto para outro objeto. Ou seja, a reflexão sobre o amor (e há de se lembrar que a transferência é uma espécie de "amor de laboratório") mostra a Lacan a possibilidade da existência de relações construídas através da circulação do "que não entra em nosso cálculo como alguém que opera combinações como nós". No trecho acima citado, é claro que a dimensão comum do "como nós" aparece como espaço de sobreposição narcísica. Como se não houvesse "como nós" capaz de ser outra coisa além da imposição identitária de sujeição. O que nos levaria a afirmar a sujeição própria à tentativa de "amar o outro como a si mesmo". Para Lacan, isso significa que, se algo como o amor é possível, então não será o amor do que é "como nós", pessoas, mas como o que é nosso avesso, objetos. Essa é uma maneira de dizer que o amor não é apenas abertura à alteridade de outra pessoa, que no fundo seria "como nós". Ele é abertura a uma alteridade mais radical, pois abertura àquilo que, em nós, destitui-nos da condição de pessoas. Abertura ao que retira nossas ações da condição de expressão de sistemas de interesses e vontades.

Nesse sentido, é compreensível que Lacan descreva tais objetos que constroem relações amorosas como *agalmata*. O termo grego implica a noção de objetos que "exprimem na maioria das vezes uma ideia de riqueza, mas especialmente de riqueza nobre"[134] e cujo valor é transferido aos seus portadores. Apaixonar-se pelos *agalmata* é ser tocado por aquilo que, em Sócrates, age à sua revelia, longe de sua deliberação consciente, pois se configuram como objetos dotados da capacidade indutora de operar transferências de valor, como se fosse o caso de objetos que, por vias próprias,

---

[134] GERNET, Louis. *Anthropologie de la Grèce antique*. Paris: Flammarion, 1982. p. 127.

104

impõem relações de transposição de afetos e atitudes a sujeitos. Como se, no amor, fossem os objetos que agissem, não os sujeitos. Apaixonar-se pelos *agalmata* é, assim, reconhecer que, no amor, os objetos agem à revelia dos sujeitos, portando relações sociais à sua revelia.

Alguém poderia entender isso como uma forma de submeter os sujeitos à condição de suporte de objetos fantasmáticos. Como se estivéssemos a ignorar a dignidade dos sujeitos a serem tratados como sujeitos, e não como objetos. Mas essa é, de fato, uma das críticas mais importantes da psicanálise ao dogma metafísico ocidental que determina a divisão entre pessoas e coisas. Um dogma travestido de defesa moral. Saber-se relacionando a objetos não significa, em absoluto, encontrar no outro apenas aquilo que se submete aos meus fantasmas. Primeiro, porque não há nada de "meu" nos fantasmas. Fantasmas são sociais, são produções de uma longa história de desejos desejados que operam em mim. Sua circulação não é apenas a confirmação de repetições, mas também o processo incontrolado de uma multiplicidade de histórias em mim. Segundo, seria interessante nos perguntarmos que tipo de degradação da experiência é essa que entende objetos como massa inerte e amorfa, pronta para ser dominada e usada. O que Lacan procura mostrar é como objetos se movem, como eles portam memória, como eles quebram o primado da vontade com suas ilusões de atividade e autonomia.

Liberdade e angústia

Dito isso, podemos entender o sentido de um texto fundamental de Lacan, a saber, "Proposição de 9 de outubro de 1967 sobre o analista da Escola". Diante da necessidade de justificar o funcionamento de uma instituição que ele próprio criara, a Escola Freudiana de Psicanálise, Lacan apresenta um texto de clara conotação política cujo eixo central será a reflexão sobre a estrutura da transferência. Como já deve ter ficado claro, tal escolha não poderia ser de outra forma, pois se é verdade que a psicanálise pensa os processos de constituição de laços sociais a partir de dinâmicas de identificação, se é fato que não é possível haver laço social sem alguma forma de identificação, já que a identificação visa explicar a dimensão produtiva do poder, ou seja, a maneira como o poder produz a vida psíquica, mobiliza afetos e demandas de amor, constituindo os sujeitos aos quais ele se relaciona, então será a tematização da transferência que pode nos abrir as portas à compreensão dos modos de abandono da dominação. Nesse sentido, há uma reflexão sobre processos de emancipação que nasce como saldo necessário da transferência. Levando em conta o exercício do poder através das identificações, toda emancipação possível terá a forma de uma liquidação da transferência, de uma desidentificação com suas questões ligadas ao destino da experiência do saber, à destituição subjetiva e à dejeção do analista.

Pois há de se fazer uma distinção aqui. As identificações mostram como as relações sociais são, necessariamente, relações de poder e repetição. Como vimos, ao me identificar com algo ou alguém, assumo o desenvolvimento implícito próprio àquilo com o qual me identifiquei, as estruturas da minha vida psíquica e seus desenvolvimentos serão produzidos por aquilo com o qual me identifiquei. No entanto, nem todas as relações de poder são relações de dominação. Pois podemos completar nossas discussões dos capítulos anteriores e dizer que a sustentação dos processos identificatórios se dá, em última instância, por aquilo que nem o Eu nem o Outro são capazes de dominar. Há algo que circula nos processos identificatórios e que não pode ser compreendido como exercício de dominação.

Pois tais processos se produzem sustentando-se em algo que ultrapassa toda vontade dos sujeitos e que Lacan tematiza através de sua teoria dos objetos *a*, algo cujo circuito próprio sempre insiste no interior das relações de poder e que faz com que tais relações sejam, no fundo, instáveis, sempre prontas a se inverterem, a se derivarem. Insistamos em um ponto fundamental: uma relação de dominação é a expressão da submissão da minha vontade à vontade do Outro, mas há aquilo que permite ao poder circular e que não é nem minha vontade nem a vontade do Outro. Algo que produz vínculos sem ser a expressão da vontade de um sujeito, mas expressão de uma dinâmica inconsciente de afetos e dos objetos que produzem e portam tais afetos. Pois não são os sujeitos que possuem afetos, são os objetos que afetam. Afetos não são propriedades de sujeitos, eles são efeitos de objetos.

Uma das mais profundas determinações da ideologia moderna é o dogma de que tudo o que age nos indivíduos a partir do exterior e sem o seu consentimento é um atentado à liberdade. Como se os circuitos inconscientes que determinam nossas ações fossem equivalentes à violência de alguém que procura submeter minha vontade à sua vontade para me subjugar de todas as formas. Isso é apenas uma patologia, fruto do dogma de que só existiria liberdade lá onde existiriam indivíduos.[135] Essa é apenas uma maneira de procurar justificar uma teleologia da modernidade que depende da ilusão de que a liberdade seria uma invenção

---

[135] Há algo da tentativa desesperada de as sociedades capitalistas nascentes na Europa do século XVII e XVIII afirmarem-se diante da liberdade própria a sociedades que não se organizavam a partir de noções como propriedade, indivíduo, propriedade de si. Ver, por exemplo, GRAEBER, David. La sagesse de Kandiorak: la critique indigène, le mythe du progrès et la naissance de la gauche. *Journal du MAUSS*, 28 sept. 2019.

propriamente moderna, fruto de relações de autopertencimento que se realizariam na figura dos indivíduos agentes a partir de cálculos de maximização de interesses, senhores conscientes de suas próprias motivações. Mas essa liberdade é apenas uma ilusão que se constrói através de uma noção de livre-arbítrio cujas raízes devem ser procuradas exatamente na desqualificação do corpo e da libido, em uma matriz cujas origens nos remetem a Agostinho. Por isso, essa forma de liberdade se constrói sobre uma experiência fundamental de sujeição. Nas sociedades ocidentais, a psicanálise contribuiu de maneira decisiva para o questionamento de tal dogma.

Tiremos, por exemplo, as consequências de uma afirmação como:

> Assim funciona o i(a) do qual o eu e seu narcisismo imaginam fazer o casulo desse objeto *a* que faz a miséria do sujeito. Isso porque o (a), causa do desejo, por estar à mercê do Outro, angustia o sujeito na ocasião, vestindo-se contrafobicamente da autonomia do eu, como faz o caranguejo ermitão de toda carapaça.[136]

Lacan está a dizer que o Eu ideal, que sustenta processos identificatórios responsáveis pela constituição imaginária de si através de relações narcísicas, precisa se apoiar em objetos *a* de maneira a tentar retirar a angústia que eles produzem (lembremos que, em Lacan, a angústia tem um objeto), fortalecendo assim o discurso da autonomia da vontade.[137] Uma autonomia da vontade que aparece como

---

[136] LACAN. *Autres écrits*, p. 262.

[137] É exatamente para destituir tais identificações que, na transferência: "o i(a) do analista deve se comportar como um morto" (LACAN. *Le Séminaire, livre VIII*, p. 227).

discurso de defesa contra a fobia resultante da descoberta de que aquilo que nos constitui em nossa identidade, as imagens que nos constituem, só são desejáveis na medida em que trazem algo que pode dissolvê-las, algo cuja dinâmica é marcada pela deriva. Por isso podemos dizer: o que sustenta a reprodução material da vida psíquica, o que permite o exercício constituinte das relações de poder é algo que, ao mesmo tempo, pode dissolver as próprias relações de poder. E se o poder consegue controlar a circulação desses objetos que nos descentram, é porque ele sabe que o reconhecimento de si nesses objetos nos angustia. O poder sabe que a liberdade nos angustia, ao mesmo tempo que ela nos atrai. *Se sujeitos aceitam a servidão, é porque eles temem a angústia que a liberdade produz,* e uma das dimensões fundamentais que a análise pode fornecer ao exercício da liberdade é levar o sujeito a depor suas defesas contrafóbicas, é mostrar que a angústia da liberdade não vem da possibilidade transcendente de tudo fazer e desejar, mas da realização de que somos agidos por uma causalidade exterior que, como dizia Lacan, é algo em nós mais do que nós mesmos. Essa temática lacaniana do reconhecimento de si no objeto visa expor o sujeito à angústia de se saber movido por causalidades que nos descentram, causalidades profundamente enraizadas na história incontrolada de nossos desejos.[138] Se a liberdade não tivesse

---

[138] É nesse sentido que devemos interpretar afirmações como: "Existem momentos de aparição do objeto que nos jogam em uma dimensão completamente outra, que é dada na experiência e merece ser destacada como primitiva na experiência. É a dimensão do estranho. Esta não poderia de forma alguma apreender-se como deixando em face dela o sujeito transparente a seu conhecimento. Diante dessa novidade, o sujeito literalmente vacila, e tudo é colocado em questão da relação dita primordial do sujeito a todo efeito de conhecimento"

natureza tão dramática, não seria tão constante o ímpeto em evitá-la.

É essa instabilidade das relações de poder que a transferência permite circular, é dessa instabilidade que ela é feita e desfeita. E insistiria que esse movimento duplo é fundamental. Compreender a transferência é compreender como ela é feita e desfeita, é compreender como sua liquidação é a abertura do sujeito àquilo que poderíamos chamar de *relações de poder sem dominação*. Daí uma questão política central para Lacan, a saber, *a política exige instituições nas quais a liquidação da transferência possa ser reconhecida*. A transferência não é um fenômeno existente apenas em situações analíticas, ela existe em todo lugar onde há poder e identificação. Não há relação à autoridade que não produza modalidades de laço transferencial. Por isso, seu destino pode nos dizer algo de fundamental a respeito dos processos gerais de emancipação.

Nesse sentido, a função da Escola pensada por Lacan era basicamente reconhecer sujeitos que passaram pela liquidação da transferência, que por isso deixaram para trás uma forma de sujeição que se expressava não apenas na suposição de um saber ao Outro, mas também na suposição de um saber que me constituiria, que definiria os modos de minha relação a mim mesmo, um saber que produziria meus modos de controle, de autonomia, de deliberação. Por essa razão, esse reconhecimento não era apenas a garantia para a constituição de vínculos

---

(LACAN. *Le Séminaire, livre X*, p. 74). Notemos que há em Lacan dois regimes de angústia. Um é definido como a "falta da falta", o outro está ligado à maneira como Lacan usa a noção de estranhamento (*Unheimlichkeit*) com índice do Real. O primeiro regime é tratável e paralisa a cura, o segundo é intratável e é elemento fundamental no processo de cura.

sociais não mais assombrados por relações de sujeição. Era a possibilidade de emergência de vínculos capazes de transformar sujeitos.

Dessupor um saber

Lacan compreendia perfeitamente que, se alguém entra em análise, é porque há uma suposição de saber sobre a verdade do seu desejo. Essa suposição de saber não é apenas uma curiosidade cognitiva, um querer se conhecer melhor, mas é uma expectativa de reconfiguração das estruturas da prática e do cuidado de si a partir de um saber sobre si mesmo. No entanto, esse saber suposto será destituído, não pela simples constatação da ignorância do analista ou pela ineficácia do discurso analítico, mas pela emergência da circulação de um objeto que sustentava a relação e que esteve, até então, velado. Isso nos explica por que, no discurso do analista, é o objeto que ocupa o lugar de agente. Nesse momento, revela-se ao sujeito como sua ligação à suposição de saber era, na verdade, vínculo a um objeto que o causava, que o retirava de si. O saber analítico realiza-se ao se destituir.

Por isso, faz-se necessário insistir que, se o saber na transferência é saber suposto sobre meu desejo e o que o causa, o processo analítico visa extrair o objeto que causa meu desejo das sendas do saber. Sócrates diz nada saber a respeito das coisas do amor, o que não significa que ele não saiba o que fazer com tais coisas. Significará apenas que tal fazer não se orienta como uma deliberação, não funda um saber partilhado que se inscreve como lugar dentro de uma estrutura simbólica. Ele é uma forma de abertura que pressupõe uma destituição de domínio, uma forma de reconhecimento de uma causalidade exterior a respeito da qual não faz mais sentido procurarmos nos defender.

Lacan fala então de uma operação de "afrontar a verdade", distinta da operação de exercício de um saber. Aqui, essa distinção entre saber e verdade é fundamental. Notemos qual a transformação que está em jogo aqui. Ela é descrita por Lacan como uma destituição subjetiva.

"Destituição" porque o sujeito abandona suas ilusões "constituintes", ou seja, ele não é um sujeito constituinte, que constitui as relações ao mundo e a si a partir de sua vontade, de sua crença em uma relação imanente entre ação e ser. Ele não é mais *causa sui*. Na verdade, ele aparece como um sujeito destituinte, no sentido de alguém que se implica com uma história de desejos desejados antes de si, mas que o produz. Alguém que destitui as crenças de controle, de deliberação como cálculos de meios e fins.

Lacan reconhece que isso parece inicialmente significar o horror da dissolução de si: "A destituição subjetiva inscrita no *ticket* de entrada [...] não seria provocar o horror, a indignação, o pânico, ou mesmo o atentado, em todo caso dar o pretexto à objeção de princípio?".[139] O que coloca questões para todo laço social posterior a tal destituição, pois um laço social visa, normalmente, à consolidação de identidades coletivas, de processos de cooperação baseados na identificação de desejos comuns. Mas o que pode ser um laço constituído a partir de uma liquidação da transferência que parece impossibilitar toda identificação simbólica, que não pode mais mobilizar produção fantasmática alguma, isso a ponto de Lacan afirmar:

> Nessa viragem na qual o sujeito vê vacilar a segurança fornecida pelo fantasma, onde se constitui para cada um sua janela para o real, o que se percebe é que a tomada do

---

[139] LACAN. *Autres écrits*, p. 252.

112

desejo não é outra coisa que um des-ser. Nesse des-ser se desvela o inessencial do sujeito suposto saber, no que o psicanalista por vir se vota ao agalma da essência do desejo, prestes a pagá-lo por se reduzir, ele próprio e seu nome, ao significante qualquer.[140]

É dessa forma que Lacan descreve o processo de término da transferência. Notemos inicialmente como se trata de decompor a segurança que o fantasma fornece por ser uma janela para o Real, ou seja, por enquadrar o Real em certa distância e operação. Há de aproximar o Real do sujeito, e é isso que ocorre no final de uma transferência. Quando tal segurança produzida pelo fantasma vacila, o desejo se revela como não sendo outra coisa além de um des-ser.[141] Sendo o desejo o ser do sujeito, esse ser se revela aqui um des-ser. Não exatamente alguma forma de reinscrição do sujeito na segurança ontológica de um ser pensado como normatividade, como necessidade, mas a deriva de uma desapropriação. *O desejo pode então se mostrar como a deriva de uma desapropriação.* Essa viragem do ser ao des-ser é própria da dessuposição do saber do analista. Ou seja, na análise, o analista passa por um des-ser, o que pressupõe uma angústia e dejeção,[142] e o analisando passa por uma destituição subjetiva, o que pressupõe certo desamparo.

---

[140] LACAN. *Autres écrits*, p. 254.

[141] Mas é importante insistir que: "o analista não deve (e não pode) impedir o analisando de formular novas respostas e criar novas fantasias, sendo a única esperança que a descrença que o analisando desenvolveu em relação às antigas afete suas atitudes em relação às novas versões" (NOBUS, Dany. *Jacques Lacan and the Freudian Practice of Psychonalaysis*. New York: Routledge, 2000. p. 136).

[142] Ver, sobre esse ponto, COTTET, Serge. Désêtre de l'analyste. *In: Freud et le désir du psychanalyste*. Paris: Seuil, 1996. p. 187-194.

Essa destituição está descrita através de uma mudança na estrutura dos processos de reconhecimento. Tal reconhecimento é feito de forma tal a reduzir o nome do sujeito a um significante qualquer, ou seja, seu nome, aquilo que estabelece relações de filiação e transmissão, aquilo que porta a marca de sua inscrição no horizonte de uma constelação familiar, decai à condição de significante qualquer, isso no sentido de uma inscrição meramente contingente, sem lugar no interior de uma cadeia de necessidades. Ou seja, a reinscrição simbólica que a interpretação analítica pode produzir devido à mobilização dos quadros de relação próprios ao complexo de Édipo e seu horizonte normativo é deposta para que o nome apareça como significante qualquer. Assim, a contingência se revela no interior de um desejo que abre uma clareira para fora de toda segurança ontológica.

Mas uma questão central permaneceu: por que esse processo não seria apenas um processo depressivo com seu cortejo de desamparo e de angústia? O que faz dele um processo, ao contrário, de afirmação da liberdade e da emancipação? E como será possível constituir laços sociais após uma experiência dessa natureza?

Transferência e emancipação

Para responder tais questões, comecemos por nos perguntar sobre como se liquida um processo transferencial. É claro que essa pergunta só poderá ser respondida em um nível genérico, já que os caminhos de uma análise são sempre singulares. O que não significa que tal genericidade seja desprovida de importância e interesse, que ela não revele traços de estrutura. Diremos então que a transferência é liquidada quando ocorre aquilo que Lacan chama de "ato analítico". Um ato que pode nos levar a compreender de outra maneira problemas gerais de emancipação.

Lembremo-nos inicialmente de algumas considerações gerais sobre os processos de emancipação como horizonte normativo para as lutas políticas. Conhecemos a tendência tradicional em ordenar as discussões sobre emancipação a partir da noção reguladora de maturidade, como se estivéssemos a generalizar, para a esfera da vida social, consequências da distinção entre minoridade e maioridade.[143] Dessa forma, lutas políticas orientadas por expectativas de emancipação seriam lutas para realizar formas de reconhecimento de si que permitiriam o desenvolvimento enquanto indivíduo capaz de imputabilidade, deliberação e resposabilidade.

No entanto, há de se insistir que essa forma de pensar a emancipação não nos permite distingui-la da sujeição a padrões disciplinares de comportamento socialmente exigidos e necessários, padrões normalmente enunciados como expressão efetiva da autonomia. Sair da minoridade pode ser compreendido como resultado da internalização de sistemas de julgamento e de ação socialmente aceitos como próprios àqueles sujeitos considerados imputáveis e responsáveis. Nesse contexto, corre-se o risco de não podermos mais estabelecer distinções minimamente operativas entre emancipação e mera adaptação social a padrões jurídicos de imputabilidade, ou ainda entre reconhecimento, enquanto instauração de modos de existência até então impredicados, e recognição, como confirmação de potencialidades postas pelo modo atual de existência. Assim,

---

[143] É como "saída da minoridade" e da infância que a discussão nos chegou através de KANT, Immanuel. O que é o esclarecimento?. In: *Textos seletos*. Petrópolis: Vozes, 2012.

uma condição de socialização historicamente definida e juridicamente organizada acaba por se transformar em horizonte ontologicamente estável de regulação das formas de vida. No entanto, à sua maneira, a noção de ato analítico nos permite ver a emancipação aparecer como possibilidade de o sujeito emergir enquanto potência normativa capaz de produzir singularizações. Mas, para tanto, há uma modificação estrutural na noção de agência que precisa ocorrer.

Veremos melhor esse ponto no próximo capítulo. Por enquanto, lembremos o que ocorre com o desejo no interior de um processo de liquidação da transferência. Lacan descreve isso da seguinte forma: "Assim o ser do desejo reencontra o ser do saber para renascer nisto em que eles se juntam em uma tira feita de um lado só no qual se inscreve uma falta só, esta que sustenta o *agalma*".[144]

Desejo e saber se encontram como dois lados de uma banda de Mœbius se encontram. Eles passam um no outro e, ao passarem um no outro, passagem que se dá apenas sob a condição de assumirem uma torção, fazem dessa passagem a inscrição de uma falta, que não é uma falta simplesmente ligada à incompletude ou à subjetivação da castração compreendida como assunção da finitude, mas que é emergência de um objeto que não se reduz a ser aquilo que uma cadeia significante pode representar. Quando um saber do desejo é possível, é só através de uma torção que, do ponto de vista da configuração atual do saber, é uma falta.

Mas insistamos em um ponto fundamental. Se algo aparece em falta, é porque eu não o tenho. Se a junção entre desejo e saber inscreve uma falta estrutural, é porque ela

---

[144] LACAN. *Autres écrits*, p. 254.

aponta para algo que nunca posso ter, que nunca se colocará sob o signo da minha posse, e essa é exatamente uma das características principais dos *agalmata*: os sujeitos não os têm, eles os portam, o que é algo totalmente diferente. Essa é uma maneira de dizer que a dessuposição de saber que é condição para a liquidação da transferência tem algo de assunção de outra fala, de outra relação à linguagem, a uma linguagem que não apareça exatamente como minha, de um saber que não reforça a ilusão de minha propriedade e de meu domínio. Por isso, na transferência não seria possível ao sujeito não ser impulsionado pela emergência do gozo para além das formas de inscrição simbólica do desejo.[145] Pois, contrariamente à experiência no domínio jurídico, o gozo aqui não indica usufruto. Antes, ele é a emergência do que não se usufrui.

Insistamos nesse ponto: há uma emergência do caráter sem lugar do gozo no interior da transferência, como se vê, por exemplo, no gozo oral do paciente de Ernst Kris, assombrado pela sua confusão fusional, ou no gozo do homem dos ratos diante da descrição das sevícias chinesas. A transferência, em sua suposição de saber, deve permitir a emergência de tal gozo, por mais que ele seja angustiante e desamparador. É exatamente isso que permite a liquidação da transferência, sua não consolidação em uma simples relação de sugestão e dependência. Pois ela deve permitir sua emergência não para assegurar o sujeito de que, afinal, seu gozo não é assim tão ameaçador, não para mostrar que

---

[145] Serge Leclaire compreendeu bem esse ponto ao falar, sobre a transferência: "O que vamos procurar? Nós dissemos. Na essência mesma da palavra que é a articulação literal, como este que diz se debate com seu gozo" (LECLAIRE, Serge. *Psychanalyser*. Paris: Seuil, 1968. p. 174. Grifo do original).

há um lugar para ele na administração possível da vida tal como ela se dá na situação atual. Na verdade, a psicanálise tenta extrair desse gozo uma política, tenta mostrar como o caráter desamparador desse gozo traz em si uma verdade política, a saber, a verdade de que as condições de reprodução material da vida às quais o sujeito se submeteu só podem se exercer porque, desse gozo, ele não pode nada saber, com ele não é possível nada fazer, era necessário arruiná-lo e esquecê-lo. Ou seja, o caráter sem inscrição, a natureza real desse gozo impulsiona transformações e produções singulares, isso se o sujeito for capaz de assumir, de produzir um ato que é a forma mesma da não inscrição. Nesse sentido, podemos entender melhor a importância de uma afirmação como "o gozo é o que a verdade encontra ao resistir ao saber".[146] Se ele é o que a verdade encontra ao resistir ao saber socialmente constituído, então a deposição do sujeito suposto saber só pode ser feita em seu nome.

---

[146] LACAN. *Autres écrits*, p. 358.

Capítulo 4
Ato analítico e processo revolucionário

Agir é arrancar da
angústia sua certeza.

Jacques Lacan

As palavras mais silenciosas
são as que trazem a tempestade.

Friedrich Nietzsche

Toda a nossa gramática da emancipação é fundada nas noções de agência, de decisão e deliberação. Emancipado é aquele sujeito capaz de agir e de se responsabilizar por seus atos, pois eles foram fruto da deliberação como cálculo de meios e fins, da decisão como escolha diante de possíveis. É bom nos lembrarmos, mais uma vez, dessas posições comumente aceitas, porque elas serão profundamente questionadas por uma prática que coloca o inconsciente em seu centro, como a psicanálise. Não se tratará mais de exercer uma liberdade compreendida como escolha e deliberação, mas de defini-la como reconhecimento de um ato que age em mim, como implicação com um processo do qual sou o suporte, sem que isso signifique servidão ou submissão. No entanto, um dos dogmas de certa modernidade é a crença de que toda agência que não se reduza ao consentimento da consciência é expressão de servidão. Como se aquilo que não se submete à condição de razões que a consciência se dá para agir fosse um atentado à liberdade. Para discutir esse ponto, que modifica radicalmente o vínculo que normalmente entendemos entre liberdade e autonomia, Lacan irá dedicar-se a elaborar a noção de "ato analítico". Na verdade, há uma tipologia dos modos de agência em Lacan. Pode-se agir de três formas, a saber, produzindo um *acting out*, uma passagem ao ato ou um ato efetivo. É possível agir produzindo um *acting out*, ou seja, agindo de maneira imaginária, respondendo a necessidades de transformação através de ações que não têm a força de modificação das estruturas, como o paciente de Ernst Kris, que, em vez de afirmar a oralidade desmedida do objeto que causa seu desejo e que o destitui de todo lugar simbólico possível como autor, contenta-se em comer miolos frescos. Nesse nível, a ação se resume à encenação imaginária de uma demanda ao Outro. Encenação que simplesmente deixará intocada a estrutura que provocou o sofrimento que gerou a ação. Mesmo comendo miolos frescos, o paciente de Kris continuará em sua paralisia.

Por outro lado, pode-se agir de forma tal a produzir negações que parecem romper processos, mas que apenas os preservam, mesmo que ao preço da destruição potencial do sujeito. Age-se então por passagem ao ato com suas formas não dialéticas de negação. Ao lado de uma negatividade, ou seja, de uma negação que é atividade e processo, há sempre uma negação bruta, negação sem atividade, como as tentativas de suicídio ou as passagens em direção às formas de autossacrifício expiatório (o que Lacan estuda desde sua tese de doutorado com a passagem ao ato de Marguerite Anzieu em seu crime contra Huguette Duflos).

Lacan fornece um exemplo preciso, vindo de sua leitura do caso freudiano de uma jovem homossexual que fora levada à análise por seu pai, esperançoso em "curá-la" de sua homossexualidade.[147] Lacan insiste na maneira como essa paciente vincula-se afetivamente a uma mulher mais velha sob as formas, próprias ao amor cortês, da galanteria e da negação de seu próprio interesse sexual. Ela devota-se a uma mulher que mostra, a todo momento, apenas suportá-la, sem ter nenhum interesse real na pretensa relação. Nessa devoção há algo da substituição da relação a uma mãe sedutora e indiferente à filha. Freud falará de uma "intensa fixação na mãe".[148] Mas há também algo do ocupar o lugar masculino do pai em relação à sua própria mulher, lugar feito de respeito paciente a todos seus caprichos. Ela assim perpetua e duplica a estrutura do romance familiar do qual faz parte.

Em dado momento, o pai a vê na rua junto à mulher de sua paixão. O olhar furioso do pai leva a mulher a perguntar quem era aquele homem, no que se segue uma explicação detalhada. A reação da mulher é de exigir o fim de todo aquele galanteio, o que leva a jovem homossexual a tentar o suicídio jogando-se de um viaduto férreo. Lacan compreende tal tentativa de suicídio como uma passagem ao ato, como uma maneira de "sair da cena".[149] Mas é evidente como essa forma de "cair da cena" permite a preservação

---

[147] Ver LACAN, Jacques. *Le Séminaire, livre IV: La relation d'objet*. Paris: Seuil, 1998, p. 95-151; e LACAN. *Le Séminaire, livre X*, p. 129/132.

[148] FREUD, Sigmund. Sobre a psicogênese de um caso de homossexualidade feminina. *In: Obras completas*. São Paulo: Companhia das Letras, 2016. v. 15. p. 146.

[149] "O momento de passagem ao ato é este do maior embaraço do sujeito com a adição comportamental da emoção como desordem do movimento. É então que, lá de onde está – a saber, no lugar da cena na qual, como sujeito fundamentalmente historicizado, ele pode se manter em seu estatuto de sujeito – ele se precipita e se lança fora da cena" (LACAN. *Le Séminaire, livre X*, p. 136).

posterior da cena. O gesto suicida é, paradoxalmente, a única forma de preservar a situação. Tanto que depois do gesto a mulher fica tocada com a paixão da jovem homossexual e seu pai condescende mais com a situação. Ou seja, através do sacrifício de si, de um jogo com sua própria destruição, ela foi capaz de preservar a estrutura que aprisiona seu desejo a um romance familiar do qual ela não faz outra coisa além de simplesmente repetir.

Mas pode-se ainda agir de outra forma, produzindo modificações globais de estrutura, e é nesse contexto que se desenvolvem as considerações lacanianas sobre a noção de ato. Recusando a redução da agência a princípios deterministas e reativos (daí sua necessidade de lembrar que "um reflexo não é um ato"[150]), Lacan aproxima, em um mesmo movimento, a passagem da condição de analisanda ou analisando a analista, o término de uma análise e esses momentos nos quais a ação é impulsionada por transformações inconscientes que retiram os sujeitos da estrutura que os determina e os descreve, ações que produzem destituições subjetivas. Como se fosse questão de permitir ao sujeito se confrontar com esses atos que suspendem a vida, que marcam um limite, que marcam uma impossibilidade de retorno. Como se fosse também questão de aproximar tais atos do "tornar-se analista de sua própria experiência", o que significa ser capaz de me relacionar com o que me destitui. Há esses gestos dramáticos que apagam, nem que seja por um momento, por um largo momento, a vida como fora até então, tendo em vista a produção de novas formas de existência. Seria causa profunda de sofrimento essa incapacidade de nossa era histórica em saber acolher

---

[150] LACAN, Jacques. *Le Séminaire, livre XIV: La logique du fantasme*. Paris: 1966-1967. Inédito. Sessão de 15 de fevereiro de 1967.

tais gestos com sua força performativa de instauração e redescrição. Uma época amedrontada por atravessar os limites da inexistência.

Ao falar da "incidência do ato, não exatamente na *determinação*, mas na *mutação* do sujeito", Lacan não deixa de se referir ao ato de César ao atravessar o Rubicão.[151] Ato que faz desmoronar uma ordem, que permite a instauração de outra. A lembrança não poderia ser melhor, pois há sempre algo de travessia do Rubicão em um processo analítico, há sempre algo de uma mudança dramática de lugar e de forma de relação à ordem simbólica em uma análise.

Notemos que essa discussão sobre a noção de ato analítico aparece para Lacan a partir de meados dos anos 1960. De forma mais precisa, ela aparece no momento em que Lacan se vê diante de sua expulsão dos quadros da Sociedade Francesa de Psicanálise, por consequência de sua expulsão da Associação Internacional de Psicanálise. Nessa situação de não ter mais garantias institucionais para sustentar sua prática analítica, Lacan produz um ato de fundação: "Eu fundo – tão só quanto sempre fui em minha relação à causa psicanalítica – a Escola Freudiana de Paris".[152] Ou seja, nessa assunção de um isolamento, de uma perda de garantia institucional e de inscrição simbólica (a princípio, a decisão da IPA levaria Lacan a deixar de ser um analista-didata), nessa assunção de uma dissolução, abre-se o espaço no qual uma instauração é possível. Para conceitualizar esse movimento de instauração e dissolução, em um processo que será, ao mesmo

---

[151] LACAN. *Le Séminaire, livre XIV*. Sessão de 15 de fevereiro de 1967.

[152] LACAN. *Autres écrits*, p. 229.

tempo, clínico e político, Lacan desenvolverá o conceito de ato analítico.[153]

Ou seja, há uma práxis outra que emerge de uma experiência analítica, e, de certa forma, toda a análise é uma longa elaboração para que tal práxis emerja com sua força performativa de instauração. Essa práxis, como veremos, é vinculada normalmente por Lacan a modificações profundas nos modos de inscrição simbólicas dos sujeitos, seja em suas identidades sociais, seja em seus papéis nas dinâmicas de reprodução material da vida, seja em suas estruturas narrativas e em seus modos de falar de si. Nesse sentido, de certa forma, o conceito de ato analítico recupera e redimensiona os processos implicados em outro conceito lacaniano até então central para a compreensão da racionalidade da práxis analítica, a saber, palavra plena.[154] Essa mesma palavra plena que aparecia em sua dimensão performativa de ato de fala em situações nas quais o sujeito produzia modificações em seus modos de inscrição simbólica, criando relações implicativas baseadas em demandas redimensionadas de reconhecimento. No entanto, a palavra plena, para ter força performativa, exige a presença de estruturas simbólicas partilhadas e já em operação entre os falantes. Ela reforça as possibilidades imanentes à ação da estrutura. De certa forma, o ato analítico opera em um nível ainda mais fundamental ao suspender a estrutura, operando nesse sentido com a

---

[153] Não será uma acaso que, após a ruptura com a IPA, Lacan dedicará seus primeiros seminários a um trabalho de conceitualização extensa do campo analítico (basta ver os títulos dos seminários: *Os quatro conceitos fundamentais da psicanálise, Problemas cruciais da psicanálise, O objeto da psicanálise*), para passar à tematização direta da lógica do fantasma e do ato analítico: assuntos dos próximos seminários.

[154] Sobre a noção de palavra plena, ver LACAN, Jacques. *Le Séminaire, livre III: Les Psychoses*. Paris: Seuil, 1981.

124

categoria de impossível.[155] É nesse sentido que poderíamos falar de uma "soberania última do ato"[156] em Lacan.

Tal soberania acaba por reconfigurar globalmente os processos de intervenção analítica ao secundarizar os mecanismos de rememoração e simbolização através da inscrição significante produzida pela interpretação. A partir de agora, a análise não irá procurar, através da interpretação, fornecer a inscrição dos sujeitos no interior de um quadro regulado de conflitos e filiações. Ela irá confrontar os sujeitos a um ato que os destitui de tal lugar. Uma confrontação que não é produzida, em última instância, nem pelo analista nem pelo analisando, mas pelo circuito de objetos que circula no interior da situação analítica. Ou seja, não seria correto dizer que o ato é algo produzido pelo analisando ou pelo analista. *O ato é produzido pelos objetos que circulam de forma inconsciente no interior de uma relação analítica.* O que explica por que ele estaria fundado em uma "estrutura paradoxal vinda do fato de o objeto estar nele ativo e o sujeito subvertido".[157]

Um ato de subversão

Demoremos um pouco nessa relação importante entre ato e subversão, nessa natureza necessariamente subversiva

---

[155] Daí exemplos como: "Se posso caminhar para um lado e para o outro falando com vocês, isso não constitui um ato, mas se um dia se trata de atravessar um certo limite a partir do qual me coloco fora da lei, nesse dia minha motricidade terá valor de ato" (LACAN. *Le Séminaire, livre XV.* Sessão de 15 de novembro de 1967).

[156] BADIOU, Alain. *Lacan: l'antiphilosophie 3.* Paris: Fayard, 2013. p. 99.

[157] LACAN. *Autres écrits*, p. 332. O que explica também por que Lacan afirma: "o psicanalista na psicanálise não é sujeito, e a situar seu ato na topologia ideal do objeto *a*, deduz-se que é ao não pensar que ele opera" (LACAN. *Autres écrits*, p. 377).

do ato, pois ela nos leva a uma articulação sobre psicanálise e política. A esse respeito, uma das principais afirmações de Lacan é:

> Não há diferença, uma vez o processo engajado, entre o sujeito que se devota à subversão até produzir o incurável no qual o ato encontra seu fim próprio, e o que do sintoma adquire efeito revolucionário, simplesmente por não ser dirigido pela varinha dita marxista.[158]

Há várias proposições importantes nessa afirmação. A primeira delas é de que, no ato analítico, o sujeito é subvertido. Ao falar da subversão do sujeito, Lacan fará sua famosa inversão do *cogito* cartesiano: "Sou onde não penso, penso onde não sou". À sua maneira, o ato analítico é uma agência que vem dessa existência que não se submete às formas atuais do pensamento, que a subverte em um movimento dialético. O termo foi escolhido de forma precisa, já que "subversão" significa derrubar uma ordem estabelecida através da ruína de suas bases, modificando o sentido no qual ela se fundamenta. O sujeito é assim preservado, mas para perder seus predicados (substância, identidade, decisão, deliberação, autonomia, unidade) e passar a seu contrário. Na verdade, a um contrário que é, por outro lado, a realização efetiva de suas exigências iniciais de liberdade.

Essa subversão nos abre ao incurável que é o próprio horizonte de realização do ato. Porque lá onde o ato ocorre não há diferença entre sujeito e sintoma, o que não

---

[158] LACAN. *Autres écrits*, p. 381. Sobre o ato como modificação global de estrutura: "o ato psicanalítico designa uma forma, um envelope, uma estrutura tal que de certa maneira ele suspende à própria lei tudo o que fora instituído até então, formulado, produzido como estatuto do ato" (LACAN. *Le Séminaire, livre XV*. Sessão de 6 de dezembro de 1967).

significa que o sujeito esteja preso e reduzido aos sintomas que o fazem sofrer. Ao contrário, significa que os sintomas transmutam-se nas expressões de um sujeito que procurou a singularidade do desvio do lapso, da falha do ato falho, da queda do esquecimento para encontrar lugar para um desejo de ruptura que Lacan não teme em descrever como "revolucionário". O ato não é a expressão de um "projeto", de um cálculo de interesses. Ele é confrontação do sujeito com o que ele porta de "incurável", de limite a toda expectativa de desejo de cura. E, nesse ponto, a ideia de "incurável" é fundamental, pois se trata de lembrar da fenomenologia desse processo através do qual o sujeito, em sua tentativa de cura, de adaptação a padrões sociais de expectativa e demanda, confronta-se com algo da ordem do que resiste. Trata-se de um incurável que não é alguma forma de reação terapêutica negativa ou de insistência na doença que expressaria estratégias de ressentimento. Esse "incurável" tem dimensão "revolucionária", porque as anomalias não são necessariamente doenças. Muitas vezes, elas são astúcias da natureza em direção à produção de novas formas.[159] Isso vale para tal desdobramento do tratamento.

E não poderia deixar de ser exatamente sintomática a maneira como o termo "revolucionário" aparece nesse contexto. Pois muitos se lembram da crítica de Lacan aos desejos de revolução, principalmente quando ele insiste no sentido astronômico do termo, com sua significação de "voltar ao mesmo lugar". Por exemplo, ao comentar a revolução copernicana, tão usada como metáfora de mudança epistêmica na filosofia ("Kant e a crítica como revolução copernicana") e mesmo na psicanálise ("Freud e a revolução

---

[159] Ver, a esse respeito, CANGUILHEM, Georges. *O normal e o patológico*. Rio de Janeiro: Forense, 1992.

copernicana do inconsciente"), Lacan se perguntava: "o que há de revolucionário no rescentramento do mundo solar em torno do Sol?".[160] Maneira de afirmar que não havia mudança alguma através da conservação da hierarquia, da unidade e da centralidade que a noção de movimento esférico enquanto forma celeste perfeita representava. No entanto, Lacan fala isso para lembrar que há sim uma verdadeira revolução, mas ela estava em outro lugar, associada a outro nome, a saber, Kepler. Ela encontrava-se no advento do movimento elíptico, ou seja, da noção de dois centros enquanto forma dos movimentos celestes, sendo um dos centros ocupados por um vazio.[161] A revolução como destituição das formas perfeitas no firmamento. No que se vê que a revolução, se não quiser ser um retorno ao mesmo lugar, é indissociável de uma mudança na estrutura do saber, não apenas nos lugares que cada elemento ocupa no interior de uma estrutura dada, não apenas nos detentores do saber e do poder. Ao dizer isso, Lacan visava o modo de circulação do discurso sobre a revolução nos meios intelectuais dos anos 1960, discurso a seus olhos muito pouco revolucionário.

Mas se o efeito revolucionário do sintoma pode se apreendido quando processos de subversão ocorrem, modificando de forma estrutural a ordem e suas determinações, então, no dispositivo do ato analítico, deverá vincular-se uma força de dissolução e uma operação de instauração, e toda sua complexidade está exatamente na compreensão desse duplo movimento. Subversão é isto: dissolução e instauração de nova ordem a partir da metamorfose dialética da primeira.

---

[160] LACAN. *Autres écrits*, p. 420.

[161] Ver LACAN. *Écrits*, p. 797.

Por sua vez, se em várias situações o ato se confronta a operações de dissolução, é porque ele coloca em operação uma dimensão da pulsão de morte que não é simplesmente instinto de destruição. Dimensão que é forma de produtividade (desde as leituras lacanianas de *Antígona* é clara uma articulação entre instauração e pulsão de morte[162]). Pois não é possível pensar processos de instauração sem responder a pergunta sobre como se realizam dissoluções.

De fato, há dissoluções que são apenas degradações da ordem anterior, ou, se quisermos, mera passagem ao ato, mera fascinação pela aniquilação que retira do ato toda possibilidade de reconhecimento.[163] No entanto, há dissoluções e desabamentos que são pressões de novas orientações, e lembraria que uma das questões fundamentais para a reflexão sobre a ação política é: como fazer ordens realmente desabarem? Pois, e isso a experiência das revoluções no século XX nos mostrou, ordens podem se perpetuar mesmo após sua queda, ou melhor, elas podem se perpetuar exatamente por terem caído e por passarem a um modo implícito de existência, em vez de um modo explícito de ordenamento. Elas podem então ressurgir, como uma reincidência que se manifesta quando menos esperamos, ou elas podem continuar operando em um estrato subterrâneo, paulatinamente corroendo a nova ordem até ela se tornar irreconhecível.[164] Por isso, a questão do ato político

---

[162] Remeto a SAFATLE, Vladimir. *Grande Hotel Abismo*. São Paulo: Martins Fontes, 2012.

[163] Alain Badiou desenvolveu bem esse ponto ao articular a violência da paixão pelo real e a sustentação de semblantes. Ver BADIOU, Alain. *O século*. Aparecida, SP: Ideias e Letras, 2007. p. 81-96.

[164] Em um modelo que nos remete a FREUD, Sigmund. *Moisés e o monoteísmo*. São Paulo: Companhia das Letras, 2018.

como um processo de dissolução é de suma importância. O que toda política revolucionária sempre soube, basta lembrar a problemática de Lenin a respeito da dissolução do Estado.[165] Não se dissolve o Estado para a abertura a uma sociedade de associações livres sem conquistá-lo e subvertê-lo até que todos os seus modos de reprodução se transfigurem (essa era inclusive a necessidade da temática da chamada "ditadura do proletariado"). De outra forma, ele poderá perpetuar-se em silêncio, entrar em um modo implícito de existência.

Lacan diante da revolta estudantil

Tal problemática pode nos ajudar a compreender certas dimensões do tipo de posição que Lacan terá diante de maio de 1968. Não por acaso, seu seminário sobre *O ato analítico* terminará exatamente diante das manifestações de maio. É claro que a posição de Lacan é crítica, mas de que tipo de crítica se trata? Estaria ele a fazer alguma forma de redução psicológica da revolta, um pouco como Raymond Aron ao mobilizar categorias psicológicas como

---

[165] Ver LENIN, Vladimir. *Estado e revolução*. São Paulo: Boitempo, 2018. Nesse ponto, não há como discordar de Badiou, para quem: "Se guardamos apenas a Lei e a prescrição simbólica do pai, então fazemos de Lacan um reacionário – o que ele não é em realidade. Ao contrário, se acentuamos a experiência do sujeito que consegue, ainda que atormentado pelas estruturas do inconsciente, não ceder sobre seu desejo, Lacan aparece como um pensador da emancipação. Pois o que é a emancipação a não ser esse movimento de torção, de exceção em relação à Lei? Faz-se necessário compreender que é sempre em uma figura localizada, em uma exceção, uma forma de falha quase invisível na ordem das coisas que a emancipação pode ocorrer. A ideia de uma Revolução brusca da totalidade social não tem sentido" (BADIOU, Alain; ROUDINESCO, Elisabeth. *Jacques Lacan, passé présent*. Paris: Seuil, 2012. p. 47).

"psicodrama", "imensa catarse"?[166] Pois qual seria o sentido de sua mais conhecida crítica aos estudantes: "A aspiração revolucionária só tem uma possibilidade: de se realizar sempre no discurso do mestre. É o que a experiência mostrou. O que vocês aspiram como revolucionários é a um mestre. Vocês o terão"?[167] Não é difícil ver nessa afirmação uma crítica da experiência revolucionária como deriva autoritária. Mas o que Lacan está efetivamente a dizer é outra coisa, a saber, que não sairá nenhuma revolução da revolta de maio. Pois, para tanto, há a necessidade da emergência de um novo sujeito político, com modificações estruturais nas relações entre saber e poder, o que maio de 1968 não produzirá, não ao menos aos olhos de Lacan. Pois isso obrigaria à destituição de noções políticas maiores, como consciência de classe, autonomia, deliberação, que não estão no horizonte do movimento. Não apenas uma destituição de noções, pois elas não nascem no ar nem crescem nas nuvens. Elas são fruto de práticas políticas concretas. São tais práticas que Lacan visa questionar. Esse é o sentido de uma afirmação bastante conhecida como:

> Não creio que seja legítimo ter escrito que as estruturas não descem à rua, pois, se há algo que os acontecimentos de maio demonstram é precisamente a descida à rua das estruturas. O fato de que se escreva isso no lugar mesmo no qual se opera tal descida prova simplesmente, o que é normalmente o caso, e mesmo o mais comum, interno ao que se chama ato, que ele desconhece a si mesmo.[168]

---

[166] ARON, Raymond. *La révolution introuvable: réflexion sur les événements de mai.* Paris: Fayard, 1968.

[167] LACAN. *Le Séminaire, livre XVII*, p. 239.

[168] FOUCAULT, Michel. *Dits e écrits.* Paris: Quarto, 2002. v. 1. p. 848.

Se foram as estruturas que desceram às ruas é porque não houve ruptura, houve apenas a atualização de possibilidades internas à própria estrutura. Os lugares são respeitados, mesmo se os ocupantes mudam de lugar. As relações são respeitadas, mesmo que de maneira implícita e silenciosa. Por isso, é possível a Lacan dizer: "Não houve o menor acontecimento nesse negócio".[169] Ou ainda, levando em conta a afirmação de Michel de Certeau, segundo a qual em 1968 "tomamos a palavra como se tomou a Bastilha": "Tomada de palavra? Creio que erraríamos se déssemos a essa tomada uma homologia com a tomada de qualquer Bastilha".[170] Pois a constituição e gestão das margens e da revolta aparecem como componentes do funcionamento normal do sistema social. Isso é o que leva Lacan a dizer aos estudantes: "vocês são ilhotas do regime", ou seja, há um lugar para vocês dentro do regime que vocês julgam combater: "o regime vos mostra. Ele diz: Veja-os gozar".[171]

Nesse sentido, a descrição lacaniana de revolucionários que procuram um mestre indica uma dependência em relação à gramática daqueles contra os quais nós nos batemos, em relação ao poder que procuramos derrubar. Basta nos lembrarmos aqui da relação fundamental, em sua teoria, entre o mestre e a histérica/o histérico. Em Lacan, a histeria é uma posição subjetiva marcada, entre outras coisas, pela transformação da negatividade do desejo em insatisfação em relação a todo objeto oferecido. A histérica e o histérico vivem seu desejo sob a forma da insatisfação diferida ao infinito, sob a forma da inadequação de todo objeto vindo do outro. Mas tal inadequação não emerge

---

[169] LACAN. *Le Séminaire, livre XVI*, p. 40.

[170] LACAN. *Le Séminaire, livre XVI*, p. 41.

[171] LACAN. *Le Séminaire, livre XVII*, p. 240.

sob a forma da transformação potencial das formas de determinação do desejo. Ela emerge como preservação de um mestre que se confronta, a todo momento, com sua impotência a satisfazer o sujeito. Essa é uma maneira de dizer que as relações se preservam através da circulação da insatisfação. A insatisfação não é a motivação de abertura a outro horizonte. Ela é a condição da preservação das mesmas relações. Tal modo de preservação é necessário, porque tal insatisfação não se dirige à estrutura que organiza as posições, mas ao ocupante de cada um dos lugares. Dessa forma, ao falar aos estudantes: "vocês querem um mestre", na verdade, um mestre a quem vocês possam continuamente mostrar sua insatisfação para que ela permaneça exatamente nesse registro, Lacan está a dizer que a revolta não tem a força de tocar as determinações de estrutura.

Como se vê, tal análise se reduz ao problema da revolta estudantil e seu horizonte de impasse. Ela não diz nada a respeito das configurações da espoliação no mundo do trabalho e suas dinâmicas políticas de sofrimento social. Tal análise libidinal da revolta pode falar do impasse do movimento estudantil porque ela insiste em uma forma muito peculiar de vínculo entre o desejo e sua própria servidão. Uma forma insidiosa de desejar sua própria servidão que não é exatamente esperando do poder reconhecimento através de nossa conformação a suas injunções disciplinares positivas, ou seja, através de uma submissão. *Pode-se também desejar sua própria servidão através da histericização da insubmissão*, ou seja, através de uma insubmissão feita para contestar os ocupantes dos lugares do poder sem questionar a própria gramática do poder.[172]

---

[172] Nesse sentido, é ilustrativo o tipo de crítica que Lacan faz ao maoísmo. Ele afirma ter algo que o choca no maoísmo: "sua referência ao saber

Nesse sentido, o que Lacan vê nas aspirações revolucionárias de maio de 1968 é algo que ele chama de "transferência de saber". O saber e a palavra passam de um sujeito ao outro, do mestre ao escravo, da burguesia ao proletariado, do professor ao estudante. Mas, e esse é o ponto decisivo, isso apenas leva o saber precedentemente suposto no Outro a um saber agora presente na consciência do sujeito. Esse deslocamento é apenas a reiteração do mesmo regime de saber, de fala e de ação, apenas com a diferença de que ele agora está disponível à consciência supostamente no papel de consciência histórica. De nada serve louvar a prática se essa prática ainda depende da mesma gramática que nos submete. Uma gramática composta de ideais de autonomia, escolha e decisão que se referem necessariamente ao modo de representação da consciência. Pouco importa quem age realmente quando se age sempre a partir da mesma gramática. Nesse caso, é a gramática que age, são os sistemas de regras e de existência que agem. Uma prática emancipada não é resultado da transferência de um saber que supomos no outro e que nós o reapropriamos. A emancipação não é uma transferência de saber que nos permitiria recuperar a enunciação do saber, recuperar "nossa voz". Como se estivéssemos agora na posse de um saber que nos foi retirado. A emancipação é uma deposição do saber, é uma decomposição da voz e a instauração de uma nova gramática de poder na vida social.

---

de manual" (LACAN. *Le Séminaire, livre XVII*, p. 174). Em um mundo marcado pela onipresença da ciência encarnada na predominância do saber instrumental, o saber-fazer de manual pode pesar como um fator subversivo? Essa pergunta de Lacan mostra algo relevante a respeito dos modos de mobilização e formação militante com seus limites.

O proletariado e a religião do sentido

Isso pode nos explicar melhor uma crítica recorrente de Lacan à crença no proletariado como sujeito do processo revolucionário. Essa crítica diz muito a respeito do tipo de recusa que a concepção lacaniana de ato necessita para operar. Dentre várias afirmações a esse respeito, lembremo-nos de uma presente exatamente em um texto que trata do ato político de dissolução da Escola:

> A Internacional, já que este é seu nome, se reduz ao sintoma que ela é daquilo que Freud dela esperava. Mas não é ela que pesa. É a Igreja, a verdadeira, que sustenta o marxismo por lhe fornecer sangue novo... um sentido renovado. Por que não a psicanálise, quando ela se volta ao sentido? Não digo isso por uma persiflagem vã. A estabilidade da religião vem do fato que o sentido é sempre religioso.[173]

Essa é a maneira lacaniana de dizer que o verdadeiro problema político com o qual devemos lidar é a recrudescência da dimensão teológico-política do poder.[174] Sendo a religião uma forma de sustentar vínculos sociais através da redução da dimensão política das demandas à demanda de amparo, de constituição de autoridade através das figuras do poder pastoral, afirmar que o sentido é sempre religioso significa dizer que a psicanálise deve ser capaz de fazer emergir o que não se ampara por não ser pensável no interior de relações de necessidade, de confirmação do originário, do destino teleológico, da unidade substancial da redenção. Lacan não teme em falar, em um mesmo

---

[173] LACAN. *Le Séminaire, livre* XVII, p. 328.

[174] Ver LACAN, Jacques. *O triunfo da religião*. Rio de Janeiro: Jorge Zahar, 2012.

movimento, da religião, de certo marxismo e da burocratização dos vínculos sociais através de uma Internacional (no caso, a IPA) que se sustenta apenas por seu medo do ato analítico.

Esses casos demonstram que, para Lacan, as operações de produção de sentido são produções de relações de necessidade estruturadas a partir de dinâmicas teleológicas no interior das quais apenas se desdobra a expressão de uma origem em seu processo de realização destinal. Nesse contexto, o sentido só pode aparecer como uma relação de necessidade garantida por um fundamento situado na origem. O sentido reinstaura o que foi perdido, ele cura fazendo-nos retornar a um fundamento original. Ele é a realização de uma *arché*. Assim, a principal contraposição é entre sentido e acontecimento, haverá uma linguagem do sentido e uma linguagem do acontecimento. Uma contraposição a respeito da qual Lacan insiste em suas consequências políticas. Se Lacan critica o marxismo aqui, é por compreender sua teoria da revolução dependente de uma escatologia histórica na qual o proletariado aparece como sujeito-objeto enfim reconciliado.[175] Nessa escatologia, todo acontecimento é anulado diante do peso de um tempo que não é outra coisa senão a projeção de uma realização irresistível do progresso. Por outro lado, essa escatologia é levada a cabo por um sujeito cuja força é a expressão de sua própria imanência, cuja vontade é presença absoluta, realização sem perda, cuja palavra é autoidentidade. Essa não é a única leitura que podemos fazer da teoria da revolução em Marx.[176]

---

[175] Como vemos em LUKÁCS, Georg. *História e consciência de classe*. São Paulo: Martins Fontes, 2002.

[176] Para uma compreensão não escatológica da noção de revolução em Marx, ver BALIBAR, Etienne. *The Philosophy of Marx*. London: Verso, 2017; e

No entanto, é ela que Lacan adota nesse momento, uma leitura não muito generosa do proletariado como sujeito de emancipação, que vislumbra principalmente o proletariado como fundamento de um Estado burocrático, como aqueles outrora existentes no leste europeu. Daí a compreensão de que o Estado proletário é "uma forma de sociedade na qual é exatamente a universidade que tem o volante". Ou seja, a ilusão da reconciliação histórica produz uma sociedade na qual o saber reina, na qual as decisões de governo são a realização imediata do conhecimento aprofundado da pretensa necessidade histórica. O único lugar para quem nega a necessidade histórica não será a oposição política, mas o hospital psiquiátrico. Isso pode nos explicar por que Lacan dirá que essa política que eleva o proletariado a sujeito político que traz consigo o saber da história é uma religião do sentido:

> Eu havia homenageado Marx por ser o inventor do sintoma. Esse Marx é, no entanto, o restaurador da ordem, devido a ele ter reinsuflado no proletariado a dimensão do sentido. Bastou que o proletariado, ele o nomeasse enquanto tal. A igreja aprendeu isso. Saibam que o sentido religioso fará um boom do qual vocês não tem ideia alguma pois a religião é a morada original do sentido.[177]

Essa maneira lacaniana de denunciar um pretenso messianismo no conceito de proletariado, como se estivéssemos a recuperar algo da crença teológica na providência, do amparo em um horizonte, é um *topos* conservador

---

RANCIÈRE, Jacques. *O desentendimento: política e filosofia*. São Paulo: Editora 34, 2018 . Eu mesmo forneci outra leitura em SAFATLE. *O circuito dos afetos*.

[177] LACAN, Jacques; *Monsieur A*. Inédito.

clássico.[178] Mas em Lacan ele funciona de outra forma. Não se trata de simplesmente denunciar a revolução como a vertente secularizada de uma teologia da salvação. Denúncia feita para esfriar nosso entusiasmo e nos lembrar que é mais prudente voltar, de forma resignada, aos trilhos da vida ordinária. O que Lacan faz é exatamente o inverso, a saber, insistir que nenhum retorno é possível e que é necessário "só mais um esforço" se quisermos ser efetivamente revolucionários. O que pode nos explicar comentários como:

> Eu me dei conta de que os comunistas, a se constituírem na ordem burguesa em contrassociedade, vão simplesmente contrafazer tudo de que essa ordem se honra: trabalho, família, pátria fazem aí tráfico de influência, além do sindicato contra qualquer um que de seu discurso esvaziaria os paradoxos.[179]

Nesse ponto, podemos entender a importância de uma colocação de Lacan como: "a teoria revolucionária faria bem de se tomar por responsável de deixar vazia a função

---

[178] Que há uma relação importante entre processo revolucionário e radicalismo religioso ninguém em sã consciência iria negar. Já Engels lembrava que a primeira revolução moderna e protoproletária foram as revoltas camponesas na Alemanha de 1525, lideradas por Thomas Münzer. O comunismo agrário dos Diggers na Inglaterra do século XVII é incompreensível sem a radicalização puritana de que a reconciliação celeste deve ser realizada agora e neste mundo. Mas a política revolucionária não se resume a tal correia de transmissão. Seu ímpeto também veio da experiência estética, das lutas sociais contra formas múltiplas de opressão, das transformações econômicas, entre outros. Nessa série convergente de processos irredutíveis entre si, o processo revolucionário perdeu, em muitos momentos, tal matriz teleológica. Por outro lado, que a experiência religiosa tenha, em certos momentos, tal força política, isso pode nos levar a complexificar o que devemos entender por experiência religiosa, fato a que Lacan era sensível.

[179] LACAN, *Autres écrits*, p. 440

da verdade como causa quando é aí, no entanto, que se encontra a suposição primeira de sua própria eficácia".[180] Ou seja, a eficácia da teoria revolucionária consiste em deixar vazia a função da verdade como causa. Isso significa que ela não deve procurar preenchê-la através de uma perspectiva necessitarista na qual a identificação da causa instaura uma relação de necessidade com seus efeitos ou ainda como uma determinação do sujeito para o qual a revolução seria seu predicado. Não há necessidade no interior de um processo revolucionário, como poderíamos acreditar ao transformar a categoria do proletariado em um polo positivo de doação de sentido de todo ato político. Na verdade, deixar vazia a causa do que a revolução seria o efeito é uma maneira de definir como os processos de transformação são marcados por acontecimentos que não se colocam como predicados de sujeito algum. Do ponto de vista de uma relação simples de causalidade, tais acontecimentos não produzem efeitos. Ao contrário, eles fazem emergir relações que não são pensáveis sob a forma da causalidade simples, que colapsam a simples noção de "efeito". Por isso, a causa de uma revolução é sempre o que rompe a própria estrutura do pensamento causal, ela é o que esvazia a categoria de causa por permitir o aparecimento de novas formas de relação.

Uma certa revolução

Tal discussão nos remete à forma de potência imanente a todo ato. Pois se aceitarmos que há um processo revolucionário imanente à noção de ato, e se aceitarmos que o sujeito desse processo não pode ser pensado de forma

---

[180] LACAN, *Autres écrits*, p. 208.

substancial, como realizando os atributos dos quais ele seria a substância, então ficamos com a questão de como pensar a emergência de tal sujeito. Nesse sentido, é ilustrativo que Lacan forneça muito poucas indicações clínicas. Na verdade, ele prefere fornecer uma "fórmula geral do ato" que nos remete à experiência estética. Pois tal fórmula se encontra em um poema. Trata-se de "A uma razão", de Arthur Rimbaud:

> Um bater de seu dedo contra o tambor descarrega
> todos os sons e começa a nova harmonia.
> Um passo seu é o levante de novos homens
> E seus em-marcha.
> Tua cabeça se vira: o novo amor!
> Tua cabeça se volta: o novo amor!
> "Mude nossos destinos, alveje as pragas, a começar pelo
> tempo", cantam-te essas crianças. "Cultiva não importa
> onde a substância de nossas fortunas e desejos", te suplicam.
> Vinda de sempre, quem irá contigo por toda parte.

Primeiro, há de se salientar que a fórmula geral do ato analítico seja dada por um poema. Pois se trata de aproximar o ato da emergência de outro regime de partilha da linguagem que se encontra expresso na forma do poema. Se a linguagem aparece aqui em posição fundamental, é por ela decidir a forma da experiência, a dinâmica de nossas gramáticas de afetos, a estrutura das nossas sensibilidades. Não há emergência efetiva sem uma transformação na capacidade de enunciação da linguagem. Lembremo-nos a esse respeito do que disse um dia Josef Stalin:

> O que poderia ser a necessidade para tal revolução linguística se demonstrarmos que a linguagem existente e sua estrutura são fundamentalmente adequadas às necessidades

do novo sistema? A antiga superestrutura pode e deve ser destruída e substituída por uma nova no curso de alguns anos, a fim de dar livre curso ao desenvolvimento das forças produtivas da sociedade, mas como poderia uma linguagem existente ser destruída e uma nova construída em seu lugar no decorrer de alguns anos sem causar anarquia na vida social e sem criar a ameaça de desintegração da sociedade? Quem a não ser um Dom Quixote poderia dar a si mesmo tal tarefa?[181]

Stalin, que sabia bem o que significa assassinar uma revolução, recusa que a linguagem seja uma superestrutura, porque ela não deve ser nem o veículo nem o resultado de um processo revolucionário. Ela deve permanecer tal e qual, sob o risco de desencadear anarquia e desintegração. No entanto, há de se perguntar que tipo de revolução é essa que vê as instaurações no campo da linguagem como algo fora de seu escopo. Pois afirmar que a linguagem não se modifica é a maneira mais segura de afirmar que uma revolução não altera aquilo que aparece como a condição prévia (ao menos para os sujeitos falantes) de toda experiência possível. Para as forças da restauração, é fundamental afirmar que a linguagem desconhece dinâmicas políticas por ela expressar, como dirá Stalin, a "totalidade" da sociedade. No entanto, digamos que, se Stalin houvesse lido Nietzsche, ele saberia que "nunca nos desvencilharemos de Deus enquanto acreditarmos na gramática". Essa era uma forma astuta de afirmar haver uma metafísica implícita na gramática. O que uma revolução faz é procurar dissolver essa metafísica implícita que orienta os processos mais

---

[181] STALIN, Josef. *Marxism and Problems of Linguistics*. Disponível em: <https://www.marxists.org/reference/archive/stalin/works/1950/jun/20.htm>. Acesso em 23 jun. 2020.

elementares de nossas formas de vida. É isso que levava o poeta da revolução, Vladimir Maiakovski, a pedir: "Dai-nos, camaradas, uma arte nova que arranque a República da escória". É com isso em mente que podemos nos voltar ao poema de Rimbaud e a seu uso por Lacan. Lembremos inicialmente do título: "a uma razão". A fórmula geral do ato é vinculada a um poema intitulado "a uma razão". O que mais se evidencia aqui é a ideia de "uma razão", e não de "a razão". Como se fosse questão de dizer "cada um tem sua razão". Mas uma frase dessa natureza normalmente parece significar: "não há razão alguma, pois cada um tem a sua". Não havendo razão alguma, não há *ratio*, não apenas no sentido de não haver medida comum, mas principalmente no sentido de não haver implicação genérica. Não havendo a razão, parece não haver nada que nos implique genericamente, nada que nos forneça um campo, parece haver apenas uma fala, mais uma fala, mais uma fala.

No entanto, o poema expressa exatamente o inverso dessa ideia. Como se a singularidade da experiência que produz o corpo no qual se irrompe uma razão fosse uma experiência irrecusável para todo e qualquer sujeito. Como se o que é desvelado só fosse a abertura de um comum ainda fora do mundo. Nesse sentido, lembremos como "*raison*" tem em seu interior "*son*", que aparece no poema quando o bater do tambor descarregar "*tous les sons*". Há a infinitude de todos os sons nessa razão que emerge. Nesse sentido, se o artigo indefinido "uma" singulariza, tal singularidade indica apenas a corporeidade da experiência do que se resolve em todos os sons, o que exige também todos os ouvidos, o que mimetiza todas as vozes.

É claro como o poema começa com um horizonte de guerra e música, como se a verdadeira guerra fosse a transformação da linguagem em música. Ele começa com um toque de tambor, como quem anuncia a criação ao romper o silêncio com um gesto sonoro, normalmente seco, sem ressonância, mas agora essa ausência de ressonância é o advento de uma nova harmonia produzida por todos os sons. Mas notem um ponto importante aqui. Todos os sons tocados juntos só podem produzir uma massa sonora do tipo *cluster*, nunca fornecer uma nova harmonia. Um toque que descarrega todos os sons pode ser visto, na verdade, como um som capaz de produzir qualquer harmonia, um pouco como a substância de nossa fortuna e desejos que pode ser cultivada não importa onde, como o que virá contigo por toda parte. Ou seja, o poema fala aqui de uma relação (pois a harmonia é necessariamente uma relação) sem restrição, sem perda, que potencialmente pode operar em um tempo e um espaço que não conhecem mais a finitude das determinações.

É assim que a irrupção da guerra com suas mudanças e domínios se transmuta em música, o poema produz a irrupção do novo: novos homens, novo amor. Um novo amor que precisa ser repetido, que não se diz apenas uma vez, que precisa fazer a cabeça retornar em direção a um chamado mais uma vez. Como se fosse o caso de lembrar que atos revolucionários são repetições, que esse tempo das emergências se abre ao se repetir.

Que seja o amor aquilo que deve ser repetido, que na verdade o amor seja a cena de uma repetição, que ele seja o que permite a repetição existir em sua força de transformação, mostra-nos como é no interior desse novo amor que emerge a razão da qual fala Rimbaud. Como ele dirá em outro poema, "Génie": "amor, medida perfeita e reinventada, razão maravilhosa e imprevista". Pois haverá um tempo próprio, uma destituição própria ao amor e à dispersão de seu ato. Esse tempo próprio funda outra razão, como Lacan percebeu bem ao afirmar: "o amor, nesse texto, é o signo apontado como tal, de que se troca de razão".[182] E ao produzir essa repetição que denuncia um desejo de instauração e duração, o poema se abre a um canto. Um canto de crianças cuja música traz os destinos que devem mudar e o tempo que deve ser alvejado como uma praga para que ele se abra ao que vem de sempre, ou seja, ao que vem do que suspende a própria ordem do tempo. Crianças que não apenas cantam, mas também suplicam, porque sentem a urgência de que os desejos sejam cultivados em um lugar fora do lugar, em um "não importa onde" fora do mundo tal como ele agora se compõe e se divide.

Um ato é sempre a irrupção de outro tempo e outro espaço, essa é sua função: permitir que o desejo seja cultivado em outro tempo e em outro espaço, que quebra a hierarquia dos lugares, que dessacraliza as distâncias. Por isso, ele só poderia terminar em uma frase sem sujeito: "Vinda de sempre, quem irá contigo por toda parte". Pois o que vem de sempre e por toda parte inicia-se por dissolver a unidade de todo sujeito. O que não pode ser diferente para alguém, como Rimbaud, que em uma carta a Izambard dirá: "É falso dizer: eu penso; deveríamos dizer: pensam-me".

Nesse sentido, não é por acaso que Lacan escolhe Rimbaud para fornecer uma fórmula geral do ato analítico. Trata-se do poeta que falará de um tempo de revoluções, que escreverá poemas sobre a comuna e as batalhas de emancipação popular, que abandonará o poema versificado, que fará a linguagem se aproximar de um sistema de cores devido ao trabalho fonético com as vogais, ou seja, que produzirá uma nova *aisthesis* na linguagem e em sua

---

[182] LACAN. *Le Séminaire, livre XX*, p. 26.

força de expressão, explorando dimensões significantes que se elaboram para além dos modos meramente semânticos de determinação do sentido. Um "desregramento de todos os sentidos", como dirá o próprio Rimbaud, que é advento de novos princípios construtivos. Lembremos que o poema "A uma razão" foi escrito entre 1872 e 1873, ou seja, logo após a Comuna de Paris, o que dá uma expressão bastante concreta de quem são esses novos homens que se levantam e se põem em marcha expressando uma nova harmonia.

O sintoma e a cura

Há de se ter isso em mente quando ouvirmos Lacan dizer que "o ato tem lugar em um dizer e ele modifica o sujeito", ou, ainda, "o ato destitui em seu fim o próprio sujeito que ele instaura".[183] Isso demonstra como o ato analítico é solidário de um dizer que, em vez de meramente exteriorizar o sujeito, modifica-o em uma paradoxal instauração destituinte. Essa posição paradoxal talvez explique por que "o ato se realiza da melhor forma ao fracassar", o que não significa que todo ato seja um fracasso. Há um tipo de fracasso que é resultado da pressão da produtividade do desejo em direção a novas formas, um pouco como os atos falhos são um fracasso da força de determinação da linguagem ordinária.[184] Pois há de se sentir a linguagem atual fracassar,

---

[183] LACAN. *Le Séminaire, livre XX*, p. 375.

[184] Muito do trabalho de Slavoj Žižek consiste em pensar o ato como essa "suspensão da realidade constituída" (ŽIŽEK, Slavoj. *Enjoy Your Symptom!*. New York: Routledge, 1992, p. 46) própria às dinâmicas revolucionárias. Isso o faz rever questões clássicas a respeito da violência revolucionária, da ditadura do proletariado e de seus desdobramentos. Certamente, Žižek foi quem mais longe caminhou na tentativa de pensar a estrutura do ato analítico a partir das dinâmicas históricas dos processos revolucionários.

confessar sua impotência e transmutar suas categorias. O que, se você fosse Lacan, poderia ser dito da seguinte maneira: "Minha prova toca o ser apenas ao fazê-lo nascer da falha que produz o ente por se dizer".[185]

Nesse ponto, podemos entender melhor por que Lacan afirma: "Não há diferença, uma vez o processo engajado, entre o sujeito que se vota à subversão até produzir o incurável no qual o ato encontra seu fim próprio e o que do sintoma adquire efeito revolucionário". Se a subversão do sujeito leva ao incurável que é ato, é porque há uma subversão também do sintoma, subversão que toma efeito revolucionário por ser a forma mesma da denúncia da verdade segundo a qual o sofrimento é correlato da sustentação da situação atual. Trata-se de um efeito revolucionário, porque será do que até agora apareceu como doença, como impossível de ser reconhecido como minha ação, como impossível de ser visto o algo que faz parte de mim (e o que é o sintoma a não ser tudo aquilo que tem a forma do "isso age em mim"?) que virá a transformação. Como dirá Lacan: "O ato sintomático, é necessário que ele contenha já em si algo que ao menos o prepara a esse acesso, ao que para nós, em nossa perspectiva, realizaria sua plenitude de ato, mas *a posteriori*".[186] Pois se Lacan pode falar aqui de uma dimensão incurável que vincula o ato e o sintoma, não é porque ele está a nos resignar diante do caráter doentio e limitado da vida, mas porque ele insiste que, de certa forma, não há cura, porque não estamos doentes. Faz parte

---

O que procuro aqui é algo diferente, a saber, insistir em pensar a relação entre ato analítico e revolução a partir de um devir revolucionário dos sujeitos. Voltarei a esse ponto mais à frente.

[185] LACAN. *Le Séminaire, livre XX*, p. 426.

[186] LACAN. *Le Séminaire, livre XV*. Sessão de 22 de novembro de 1967.

da astúcia dialética da clínica não poder curar, porque se trata de revelar que nunca houve exatamente doença. Os descaminhos do desejo devem se transfigurar em errâncias através das quais a verdade se revela.[187] O que apareceu sob a forma de sintoma já trazia em si a potencialidade de um ato. E todo sofrimento produzido pelo caminho deve se transfigurar como sendo apenas o longo esforço de parto de uma anomalia portadora de uma criação que ainda não encontrou sua gramática e seu tempo.[188] A esse respeito, lembremos como não há sintoma sem gozo, o que a reação terapêutica negativa nos mostra bem. Nesse sentido, o sintoma não é apenas um modo de defesa contra o gozo. Ele também é gozo, e aí se encontra a oportunidade de intervenção clínica. De forma estrita, não se cura um sintoma. Extrai-se dele uma forma potencial que está paralisada porque o sujeito não consegue passar do sintoma ao ato. Por exemplo, nas inibições, há sempre a emergência potencial de objetos que nos deslocalizam. As inibições são o pressentimento da emergência potencial de tais objetos. Nas conversões histéricas, há a insistência de que os mestres devem ser dessupostos. Elas dizem que a linguagem não pode mais dizer o que efetivamente deve ser dito, por isso o corpo deve denunciar o silêncio da linguagem e de seus mestres. Ou seja, de forma enfática, o ato analítico não cura, como quem elimina os sintomas e reinstaura uma condição perdida. Na verdade, o ato nos

---

[187] Por isto: "tudo se passa como se o núcleo de certos sintomas (mas não de todos), na forma cristalina de certas angústias (mas não de todas) e no fundo no que há de pior na experiência de alguém, encontrássemos algo que precisa ser reconhecido ou destinado, mas não eliminado" (DUNKER, Christian. *Estrutura e constituição da clínica psicanalítica*, p. 595)

[188] Nota pessoal: sei que alguns vão achar isso muito hegeliano, mas creio mesmo que, no fundo, é essa reversão dialética que opera em Lacan.

cura da cura. Ele nos cura da ideia de que há uma cura necessária vinda de um saber suposto. É nesse ponto que podemos compreender uma afirmação central de Lacan:

> Nenhum clamor do ser ou do nada que não se apague do que o marxismo demonstrou por sua revolução efetiva, a saber, que não há progresso algum a esperar de verdade ou de bem-estar, mas apenas a viragem da impotência imaginária ao impossível no qual se mostra o real por se fundar apenas na lógica, ou seja, lá onde adverti que o inconsciente se assenta, mas não para dizer que a lógica dessa viragem não se assombre do ato.[189]

Abordemos esse problema por duas dimensões. Afirmar não haver progresso, afirmar que o ato não é a expressão de um progresso, tem consequências tanto clínicas quanto políticas. Do ponto de vista clínico, isso implica recusar toda intervenção que se oriente por um horizonte de maturação, normalmente vinculado à reconstituição da capacidade de síntese e direção da personalidade, no interior do qual a doença apareceria como degenerescência. Essa noção da doença como degenerescência, como fixação em estados anteriores de desenvolvimento, esteve presente de forma hegemônica na psiquiatria e na psicanálise (lembremo-nos, por exemplo, dos usos de conceitos como fetichismo, ligado a uma teoria histórico-social do progresso, dos vínculos entre patologias e fixação em estágios de maturação libidinal, a perversão como regressão a um comportamento infantil polimórfico etc.[190]). Não haver progresso algum a se esperar da

---

[189] LACAN, *Autres écrits*, p. 439.

[190] Ver SAFATLE, Vladimir. *Fetichismo: colonizar o Outro*. Rio de Janeiro: Civilização Brasileira, 2010.

verdade significa, nesse contexto, livrar a experiência analítica de sua dependência a horizontes ideais normativos. Por outro lado, o que a análise pode fornecer não é bem-estar ou realização de um ideal de conduta que seria a expressão de alguma noção de progresso. O que ela oferece é a viragem da impotência imaginária ao impossível. Ao final, é isso que o ato analítico pode fazer: levar o sujeito a passar da impotência ao impossível. Pois o que a revolução efetiva de Marx demonstra é que a eclosão da verdade implica apenas sair da posição melancólica de impotência para nos confrontarmos ao impossível que impulsiona nosso desejo.

Note-se ainda que, com isso, nada falamos sobre os processos revolucionários em sua dimensão concreta de desdobramento e em sua causalidade historicamente situada. Mas insistiria que a psicanálise nada pode dizer sobre eles, já que eles são objetos da história e da política. Ela pode, no entanto, falar sobre o que um dia foi chamado de "devir revolucionário dos sujeitos", ou seja, do enraizamento psíquico de um *desejo de revolução* que passa pela transformação efetiva das formas de agência. Não há apenas bases históricas para tal desejo, há também bases pulsionais. O amadurecimento de um processo revolucionário passa por tal devir. Sua ausência pode, inclusive, parar processos históricos em direção à revolução. A existência concreta de tal devir é a abertura necessária de potencialidades no interior da vida social.

Os paradoxos do passe

Mas poderíamos por fim perguntar: diante da crítica da religião, da política utópica e da ascensão da burocracia, o que a psicanálise poderia oferecer? De que tipo de experiência de organização social ela é solidária? Uma maneira de discutir isso nos leva diretamente às tematizações lacanianas sobre o passe. As discussões sobre o passe se referem a problemas específicos de organização e transmissão, problemas que se mostrarão insolúveis dentro do horizonte lacaniano. O que leva Lacan a dissolver a própria instituição por ele criada. Isso nos coloca diante do tipo de drama e de tarefa que a experiência lacaniana nos deixa como legado. Lembremos como no interior do projeto da Escola havia a crença final no retorno a processos de reconhecimento fundados na assunção de certa forma de "comunicação". Nesse sentido, a Escola deveria ser o lugar no qual a liquidação da transferência poderia ser "comunicada": "essa experiência não pode ser eludida, seus resultados devem ser comunicados", dirá Lacan.[191] Se os resultados devem ser comunicados, é porque o ato não leva a uma posição de simples isolamento. Dirá Lacan:

> O que esse passo, de ter sido feito só [seul], tem a ver com o único [le seul] que se acredita ser ao segui-lo? Não me fiaria eu à experiência analítica, ou seja, ao que me vem de quem se virou só? Acreditaria eu ser o único a tê-la, então para quem eu falaria?[192]

Nesse contexto, Lacan fala de seu ato de fundação da EFP, mas é claro que se trata aqui também da natureza mesma do ato analítico. Ato que se faz só, mas que pode mesmo assim constituir um laço pressuposto nessa exigência de "comunicação". E há de se sentir essa tensão extrema entre gozo e comunicação, uma tensão que talvez não possa ser de fato resolvida, que só poderia terminar

---

[191] LACAN, *Autres écrits*, p. 255.

[192] LACAN, *Autres écrits*, p. 263.

na dissolução do espaço de comunicação, o que é outra maneira de compreender a questão da dissolução da Escola.[193] Mas a dissolução do espaço de comunicação será, de forma paradoxal, a última aposta na possibilidade institucional da política. Uma instituição organizada como campo e turbilhão. Lembremo-nos aqui do que estava em jogo no dispositivo do passe. Segundo o procedimento do passe, um final de análise permite ao analisando "contar sua análise" a passantes que irão então passá-la a um júri. A primeira questão relativa a esse procedimento encontra-se na noção de "contar uma análise". Em outros momentos, Lacan falará de um ato que possa ser "legível" por todos. Mas que tipo de fala e de legibilidade integral é essa? O que se conta aqui? E para que forma de espaço comum? Pois percebamos a tensão real do problema. Há algo de transmissível no final de uma análise, mas, como dirá Lacan: "como fazer reconhecer um estatuto legal a uma experiência da qual não se sabe sequer responder?".[194] Essa é uma maneira de se perguntar: como fazer reconhecer um gozo do qual a linguagem não quer e parece não poder nada saber? Lacan aposta em uma transmissão possível, chegando mesmo a

---

[193] Nesse sentido, Badiou tem razão ao sublinhar que: "Deve-se sustentar que o ato analítico – enquanto real da análise – só é atestado pela produção do saber transmissível no qual tal ato se sustenta, e que ele valida. Vocês veem que estamos muito perto de uma questão essencial para todas as anti-filosofias e que se refere ao caráter inefável ou não do ato. Há no ato algo que continua indizível? O ato suspende todo protocolo linguageiro?" (BADIOU. *Lacan: l'anti-philosophie*, p. 99). Mas sua aposta na via do matema como inscrição entre ato e saber talvez passe ao largo do problema deixado pelo fracasso do passe, a saber, a constituição de um campo de reconhecimento de singularidades irredutíveis.

[194] LACAN, *Autres écrits*, p. 262.

151

descrever aquilo que é integralmente transmissível, a saber, um matema, termo inspirado nos mitemas de Lévi-Strauss: unidades mínimas de articulação formal de relações pressupostas pelos mitos. Ou seja, a fala sobre a análise deveria ser a constituição de um matema capaz de passar a dois níveis de transmissão. O ato analítico parece se realizar na constituição de um matema. De fato, só há comunicação se podemos falar em dois níveis de transmissão. Se conto algo para alguém e essa mesma pessoa não pode contar isso para uma terceira pessoa, não há comunicação alguma, pois não há garantia alguma de que o enunciado inicial foi, de fato, entendido. A comunicação demonstra que o sentido é a perpetuação da referência para além da modificação de seus enunciadores.

No entanto, a inscrição do ato em uma transmissão não deve ser sua submissão ao sentido, e nesse ponto encontra-se a complexidade da exigência. Podemos mesmo nos perguntar se isso não invalidaria necessariamente toda e qualquer comunicação. Lacan acredita que essa irredutibilidade do ato ao sentido é a única forma de garantir que não voltaremos a um "efeito de grupo". A associação entre "efeito de grupo" e "sentido" não poderia ser diferente. O que funda o grupo é a possibilidade da unidade da referência, é a partilha dos modos de interpretação de enunciados e práticas. O grupo é a expressão máxima da crença em uma gramática comum e a uma referência que não se transforma a partir da modificação dos seus enunciadores.[195]

---

[195] Félix Guattari compreendeu esse problema de maneira precisa ao dizer, em um seminário de Lacan: "Considero que Lacan engajou-se em uma via que ele preparou longamente, que construiu longamente através de toda a história da psicanálise, e tenho a impressão de que há uma forma de inibição – por sinal, bem clássica nos mecanismos de grupo – que é própria à maioria de nós, eu incluso. Uma certa dificuldade

Por isso, podemos de fato nos perguntar se a experiência do passe poderia ter outro destino senão o fracasso, o que Lacan diz claramente, ao afirmar: "é claro, trata-se de um fracasso completo, esse passe".[196] Se o ato analítico modifica a relação entre sujeito e linguagem, não é possível tentar recuperar níveis de comunicação após a liquidação da transferência. Essa experiência não se comunica, ela impulsiona a experiência da linguagem para além da comunicação.[197] Pois a exigência de comunicação só pode ser realizada através da adequação do relato de sua análise às expectativas gramaticais e de codificação partilhadas previamente, já que, em condição de comunicação, a linguagem é reiteração do código. A tendência necessária será de estereotipia dos relatos e conformação da singularidade destituinte do gozo ao discurso suportado pelo enunciador cujo nome próprio garante a sustentação identificatória do vínculo produzido pela Escola, seja esse nome próprio "Freud", seja "Lacan". Para uma teoria que vincula emancipação a destituição subjetiva, uma Escola "Freudiana" é uma *contraditio in adjecto*, da mesma forma que será uma contradição um campo "freudiano" ou um campo

---

a nos colocar em ato no ponto de vista analítico em campos específicos que não são especialmente este de Lacan, e não especialmente na esteira de Lacan" (intervenção em LACAN. *Le Séminaire, livre XV*. Sessão de 31 de janeiro de 1968). Como ele entendeu, essa inibição era um efeito de grupo. Para uma discussão sobre a relação entre Lacan e Guattari, ver: AGOSTINHO, Larissa. Guattari: máquinas e sujeitos políticos. *Trans/Form/Ação*, Marília, v. 43, n. 1, p. 103-126, jan./mar. 2020.

[196] LACAN, Jacques. *Assises de Deauville*. 1978. Inédito.

[197] O que pode nos explicar por que Lacan será obrigado a reconhecer: "Tal como a concebo atualmente, a psicanálise é intransmissível. É muito chato que cada psicanalista seja forçado a reinventar a psicanálise" (LACAN, Jacques. Conclusion du 9e Congrès de l'École Freudienne de Paris sur "La transmission". *Lettres de l'École*, v. II, n. 25, p. 219-220, 1979).

"lacaniano". Que Lacan estivesse em praticamente todos os juris de passe de sua Escola, isso diz muito a respeito do funcionamento impossível do dispositivo. Entendamos o que leva Lacan a essa aposta no passe que não pode ser paga. O apelo lacaniano à legibilidade e à comunicação nesse momento é sua forma de dizer: há algo no ato que tem força de implicação, ele dessupõe o saber, mas não abole a relação social. O problema é efetivo, mas a resposta dada por Lacan através do passe só pode levar a um impasse, como o próprio Lacan acabará por perceber ao insistir, ao final, que deveríamos nos descolar da Escola.

No entanto, esse impasse acaba por apontar algo de positivo em suas consequências políticas. Se o processo de emancipação política, processo do qual, à sua maneira, a experiência clínica faz parte, exige o reconhecimento de dessuposições de saber e de advento de novos sujeitos e novas relações sempre enunciados no singular, então não cabe à teoria falar sobre como as relações por vir se darão. A antecipação teórica da reconciliação é um atentado à própria reconciliação. O que a teoria pode fazer é defender a necessidade das transformações subjetivas que permitam aos sujeitos terem a força de revolucionar processos nas formas de vida. Mas ela não pode antecipar a forma e a direção das organizações e práticas que nascerão de tais transformações. Ou seja, a teoria pode falar sobre a forma dos processos de emergência de novos sujeitos, mas não pode falar da forma como eles se organizarão após suas emergências, isso se quiser evitar o risco de fazer do futuro a mera imagem da realização das possibilidades imanentes ao presente. Nesse ponto, a teoria deve parar a fim de permitir de à práxis realizar-se em suas múltiplas e inumeráveis configurações contextuais. Do contrário, ela se transforma em normatividade a impor sua imagem à práxis.

Longe de ser um mero enunciado negativo, ele nos lembra da exigência de organizações plásticas, capazes de se constituir e de se destituir em uma processualidade contínua a partir do reconhecimento de cada nova singularidade de gozo com a qual ela se confronta nos processos de liquidação da transferência. O ato leva sua característica destituinte para as formas sociais nas quais ele habitará. Por isso, Badiou está correto em apontar Lacan como herdeiro das "operações destituintes" dos processos revolucionários. Mas seria necessário ainda lembrar a possibilidade de pensar a integração dessas destituições no funcionamento normal de instituições, em vez de se contentar, como faz Badiou nesse caso, com acusações como "esquerdismo anarquizante" ou "anarquismo tirânico".[198]

Esse talvez seja o sentido do abandono derradeiro de Lacan pela forma-Escola e da assunção de uma forma-campo baseada em conceitos como transitoriedade da existência do grupo, aleatoriedade das relações entre participantes, labilidade, limitação dos processos de funcionamento burocrático e ausência de hierarquia. Como se a força produtiva de seu pensamento se debatesse com as relações de produção, entrando em contradição com ela até a dissolução da última. Como se ele fornecesse, ao fim, essa força produtiva bruta que adianta a falência das relações que conhecemos hoje. Ninguém nunca falou que tais tarefas políticas eram simples. O que não significa que elas não continuem a ser horizontes fundamentais para pensar o campo político contemporâneo.

---

[198] BADIOU. *Lacan: l'anti-philosophie*, p. 153.

Conclusão

Em 1972, Lacan pronuncia uma conferência, filmada quase em sua integralidade, na qual encontrávamos as seguintes afirmações:

A morte é do domínio da fé. Vocês têm boas razões para crer que vão morrer, isso vos sustenta. Se não acreditassem, poderiam suportar a vida que têm? Se não estivessem solidamente apoiados nessa certeza de que isso terminará, poderiam suportar essa história? No entanto, o que não passa de um ato de fé, o cúmulo dos cúmulos, é que vocês não têm certeza. [...] Se digo isso a vocês, é porque vi em uma de minhas pacientes. Ela sonhou um dia que a existência jorraria dela mesma, o sonho pascaliano, uma infinidade de vidas se sucedendo a si mesmas sem fim possível. Ela despertou quase louca. Ela me contou isso, é claro que não achei engraçado.[199]

Há algo nessas afirmações que sintetizam um eixo fundamental da experiência clínica de Jacques Lacan. Uma infinidade de vidas jorrando umas das outras, sem fim,

---

[199] LACAN, Jacques. Conferência de Louvain. 1972. Inédita.

quase enlouquece sua paciente, porque era necessário que isso terminasse. Era necessário parar. Não há nenhuma forma de resignação nesse desejo de fim. Pode parecer que haja algo de um Nietzsche invertido nesse sonho pascaliano. Pois nos lembremos desse parágrafo de *A gaia ciência* no qual o eterno retorno é apresentado, com sua vida se repetindo sem fim, e em meio a tal apresentação uma prova seletiva na qual podemos saber quem tem a força de afirmar a vida através de um *amor fati* e quem cai em prantos diante de um pesadelo que nunca termina. De fato, Lacan nos diz algo mais próximo do "que isso termine", que tenhamos a força de dizer que é necessário que essa vida termine. O que enlouquece sua paciente é que, nesse jorrar infinito, falta à vida algo de fundamental: a emergência da possibilidade de dizer: "não é nada disso", a possibilidade de suspender as formas, os movimentos, as injunções de continuar, porque há o sentimento profundo de haver algo de falso na vida tal como se viveu até agora. Há algo que para se criar precisa estar no limiar da morte, isso a fim de se livrar das reproduções que se consolidaram como o horizonte de nossos possíveis.

Poderíamos ouvir o sonho dessa paciente como o testemunho de alguma forma de fracasso pessoal. Sua vida é ruim, por isso vê-la jorrando infinitamente é a forma mesma da loucura. Mas ele é muito mais que isso. Pois uma vida, exatamente naquilo que ela tem de mais singular, é a expressão das contradições do tempo e do tecido social no qual ela se insere. Se Lacan será o psicanalista que mais claramente insistirá que a pulsão de morte não é simplesmente um instinto de destruição, mas a base libidinal de toda criação efetiva, se ele será o que mais claramente saberá que a verdade do desejo encontra-se em sua energia negativa, em sua força de fazer desabar a gramática de nossas nomeações, em sua capacidade de nos levar a defrontar com o que se diz como "nada de nomeável", isso não é nenhum culto da aporia ou estetização do impasse e do sofrimento. Na verdade, trata-se de saber ouvir o impossível que habita todo desejo efetivo, o impossível de aceitar a vida sobre as formas atuais de reprodução material e social, a recusa de toda imagem decalcada a partir das possibilidades de determinação do presente.

Há de se terminar este livro dessa forma. Pois enquanto a escrita deste livro avançava, ganhava corpo a insistência de algumas perguntas. Por que escrever este livro agora? Ele havia inicialmente aparecido como o resultado de uma encomenda de um editor francês que gostaria de um livro, ao mesmo tempo, curto, introdutório e focado na articulação entre Lacan e política. Reconheço que o caráter introdutório não é exatamente evidente, mesmo que o esforço nesse sentido se faça sentir em vários pontos da escrita.

Mas, para além da resposta a uma encomenda, há sim algumas razões para que, em meio à mais explícita crise da história brasileira, crise caracterizada pelo desrecalque de sua matriz fascista com toda a violência suicidária que lhe pertence, alguém resolva dedicar a maior parte de seu tempo a escrever um livro sobre gozo, transferência, ato analítico e processos de identificação em chave psicanalítica.

Desde sua criação, a psicanálise implicou modificações profundas naquilo que entendemos por política. Não podemos falar de política da mesma forma antes e depois da psicanálise. Na medida em que a psicanálise moldou a sensibilidade social contemporânea a respeito dos processos de socialização dos desejos e das pulsões, ela necessariamente influenciou os modos de problematização das configurações sociais aí produzidas. Não será possível compreender a transformação da sexualidade, da corporeidade, da memória em problemas políticos maiores dos séculos XX e XXI sem levar em conta o impacto social da psicanálise em nosso horizonte de crítica social.

No entanto, há uma especificidade da abordagem psicanalítica. Pois ela se dá através da questão sobre a forma como tais processos de socialização produzem modalidades de sofrimento. Ou seja, o sofrimento psíquico se transforma em uma categoria política central por indicar sistemas de expectativas não realizadas no interior da vida social. Ele não aparecerá como desvio em relação a estruturas tipificadas de normalidade, mas como modo de denúncia da articulação, necessária para nós, entre socialização e violência, entre instauração da vida psíquica e sujeição social. A psicanálise não falará, por exemplo, dos desajustes da família, mas da maneira como a família produz necessariamente desajustes para funcionar de maneira "normal", ou seja, de acordo com sua própria normatividade. Ela não falará do uso neurótico da religião, mas de como a vinculação ao poder pastoral nos coloca necessariamente em posição neurótico-obsessiva. Nesse sentido, a insistência nas feridas provocadas pela nossa inscrição no interior da vida social serão as marcas de uma revolta que não encontrou voz e que, por isso, aparece no corpo, nos rituais compulsivos, nas inibições, na angústia. Revoltas que aparecem naquilo que os sujeitos têm de mais real.

Mas, e esse é um ponto fundamental, ao se indagar sobre as formas da vida social, a psicanálise procurou sobretudo descrever *os regimes de adesão à sujeição social*, ou seja, a essa maneira de associar a própria instauração da vida psíquica, a constituição de suas instâncias a modalidades de adesão ao que nos faz sofrer. Pois a sujeição

160

não poderia se dar apenas através da coerção, da violência direta, embora ela não deixe de apelar a tais expedientes, se necessário for. Há processos identificatórios, demandas de amor, expectativas de amparo, ou seja, há todo um circuito de afetos, com seus medos, esperanças, melancolias, que sustenta o poder, que dá ao poder a força de sujeitar sujeitos, de gerir suas expectativas e sofrimentos, e é desse circuito que a psicanálise fala. Nós paradoxalmente amamos aquilo que nos sujeita, e não seria de outra forma que tal sujeição conservaria sua força. Por essa razão, a psicanálise logo se consolidou como uma referência maior na análise de fenômenos de regressão social, em especial do fascismo. Lembremo-nos, por exemplo, do recurso massivo da Escola de Frankfurt à psicanálise na análise de fenômenos como o antissemitismo, o nazismo e a constituição de personalidades autoritárias. Nesse sentido, não seria possível enxergar tais fenômenos baterem mais uma vez em nossas portas sem lembrar de uma estratégia de pensamento mobilizada várias vezes quando o fascismo aparecia como destino.

Mas, neste livro, tratava-se não apenas de lembrar como a psicanálise modificou a compreensão ocidental do que política significa, redimensionando o escopo da crítica social ao tematizar a sociedade inconsciente de si mesma. Tratava-se de mostrar como ela nos permitiu pensar em outras bases o processo de emancipação social. Essa é uma dimensão muitas vezes ignorada, no entanto decisiva. A psicanálise é solidária do redimensionamento da noção de emancipação, ao conservar a temática de uma liberdade possível, de uma crítica possível da alienação, mas impedindo-a de ser pensada como a realização social da autonomia da consciência. A noção psicanalítica de inconsciente nos obriga à reformulação profunda do conceito de autonomia, reformulação a respeito da qual ainda não medimos de forma efetiva suas consequências. Isso não poderia deixar de trazer consequências para a noção de ação política. Pois o que é uma ação política que não se coloca mais como ação de uma consciência, seja ela individual ou consciência de classe? O que é uma ação política que não pode mais apelar a conceitos de deliberação racional tal como entendemos esse conceito até agora?

Foi como um paradoxal pensador da emancipação que Lacan apareceu neste livro. O destino das consequências políticas do pensamento lacaniano é algo que está longe de ser estabelecido sem problematizações. Críticas significativas foram desenvolvidas por leitores de Lacan, como Guattari, Deleuze, Foucault, Derrida, Castoriadis, entre outros. No entanto, tentei insistir que tais críticas erram de alvo e que uma leitura atenta dos textos pode nos mostrar outra imagem do pensamento. Essa imagem nos falta. Ela nos lembra de como a clínica desenvolvida por Lacan colocava em operação processos e dispositivos de forte ressonância política, como ela operava sob uma base libidinal que nos empurrava para fora das relações de sujeição. Mesmo que esse empuxo algumas vezes pareça falar baixo, há de se lembrar que ele nunca se cala. Como se disse antes, trata-se de ouvir o impossível que habita todo desejo efetivo. Mais do que nunca, ele é fundamental para termos força hoje.

Bibliografia

ADORNO, Theodor. *Ensaios de psicologia social e psicanálise.* São Paulo: Unesp, 2015.

ADORNO, Theodor; HORKHEIMER, Max. *Dialética do Esclarecimento.* Rio de Janeiro: Zahar, 1992.

AGOSTINHO, Larissa. Guattari: máquinas e sujeitos políticos. *Trans/Form/Ação,* Marília, v. 43, n. 1, p. 103-126, jan./mar. 2020.

ALEMAN, Jorge. *Razón fronteriza y sujeto del inconciente: conversaciones con Eugenio Trías.* Barcelona: NED Ediciones, 2020.

ALTHUSSER, Louis (Ed.). *Lire Le Capital.* Paris: PUF, 1965.

ARON, Raymond. *La révolution introuvable: ré exion sur les événements de mai.* Paris: Fayard, 1968 .

BADIOU, Alain. *Lacan: l'antiphilosophie 3.* Paris: Fayard, 2013.

BADIOU, Alain. *O século.* Aparecida, SP: Ideias e Letras, 2007.

BADIOU, Alain; ROUDINESCO, Elisabeth. *Jacques Lacan, passé présent.* Paris: Seuil, 2012.

BALIBAR, Etienne. *The Philosophy of Marx.* London: Verso, 2017.

BATAILLE, Georges. *A parte maldita: precedida de "A noção de dispêndio".* Belo Horizonte: Autêntica, 2013.

BATAILLE, Georges. *O erotismo.* Belo Horizonte: Autêntica, 2013.

BATAILLE, Georges. *La structure psychologique du fascisme.* Paris: Nouvelles Editions Ligne, 2008.

BION, Wilfred. *Experiences in Groups and Others Papers*. New York: Routledge, 2000.

BOLTANSKI, Luc; CHIAPELLO, Eve. *O novo espírito do capitalismo*. São Paulo: Martins Fontes, 2010.

BOU ALI, Nadia; GOEL, Rohit (Ed.). *Lacan Contra Foucault: Subjectivity, Sex and Politics*. London: Bloomsbury, 2018.

BRAIDOTTI, Rose. *Nomadic Subjects: Embodiment and Sexual Di erence in Con- temporary Feminist eory*. New York: Columbia University Press, 2011.

BUTLER, Judith. *Problemas de gênero*. Rio de Janeiro: Jorge Zahar, 2001.

BUTLER, Judith; LACLAU, Ernesto; ŽIŽEK, Slavoj. *Contigency, hegemony, solidarity*. Londres: Verso, 2000.

CANGUILHEM, Georges. *O normal e o patológico*. Rio de Janeiro: Forense, 1992.

COTTET, Serge. Désêtre de l'analyste. In: *Freud et le désir du psychanalyste*. Paris: Seuil, 1996.

DARDOT, Pierre; LAVAL, Christian. *La nouvelle ordre du monde*. Paris: La découverte, 2011.

DAVID-MÉNARD, Monique. *Éloge des hasard dans la vie sexuelle*. Paris: Hermann, 2011.

DAVID-MÉNARD, Monique. *Les constructions de l'universel: psychanalyse, philosophie*. Paris: PUF, 2009.

DEAN, Carolyn. *The Self and Its Pleasures: Bataille, Lacan and the History of the Decentered subject*. Ithaca, NY: Cornell University Press, 1992.

DELEUZE, Gilles. *Di érence et répétition*. Paris: PUF, 1969.

DELEUZE, Gilles; PARNET, Claire. *Dialogues*. Paris: Flammarion, 1977.

DERRIDA, Jacques. *La carte postale: de Socrate à Freud et au delà*. Paris: Flammarion, 2004.

DUNKER, Christian. *O cálculo neurótico do gozo*. São Paulo: Escuta, 1998.

DUNKER, Christian. Teoria da transformação em psicanálise: da clínica à política. *Psicologia Política*, v. 17, n. 40, p. 569-588, set.-dez. 2017.

DUNKER, Christian; SILVA JÚNIOR, Nelson; SAFATLE, Vladimir. *Patologias do social: arqueologias do sofrimento psíquico*. Belo Horizonte: Autêntica, 2018.

DURKHEIM, Émile. *Le suicide*. Paris: PUF, 2005.

EHRENBERG, Alain. *La société du mépris*. Paris: Odile Jacob, 2012.

ESPOSITO, Roberto. *Immunitas*. Roma: Einaudi, 2002.

ESQUIROL, Jean-Étienne. *Des établissements consacrés aux aliénés em France et des moyens d'améliorer le sort de ces infortunés*. Paris: Imprimerie de Madame Huzard, 1819.

FANON, Frantz. *Alienação e liberdade: escritos psiquiátricos*. São Paulo: Ubu, 2020.

FANON, Frantz. *Peau noire, masques blanches*. Paris: Seuil, 2012.

FOUCAULT, Michel. *Dits e écrits*. v. 1. Paris: Quarto, 2002.

FOUCAULT, Michel. *Le pouvoir psychiatrique*. Paris: Seuil, 2003.

FRASER, Nancy. *Fortunes of Feminism: From State-managed Capitalism to Neoliberal Crisis*. London: Verso, 2013.

FRASER, Nancy. *Qu'est-ce que c'est la justice sociale: reconnaissance et redistribution*. Paris: La Découverte, 2011.

FRASER, Nancy; HONNETH, Axel. *Redistribution or Recognition*. New York: Verso, 2003.

FREUD, Sigmund. Sobre a psicogênese de um caso de homossexualidade feminina. In: *Obras completas*. v. 15. São Paulo: Companhia das Letras, 2016.

FROMM, Erich. *Arbeiter und Angestelle am Vorabend des Dritten Reiches*. Stuttgart: Deutsche Verlags-Anstalt, 1980.

GERNET, Louis. *Anthropologie de la Grèce antique*. Paris: Flammarion, 1982.

GRAEBER, Dan. La sagesse de Kandiorak: la critique indigène, le mythe du progrès et la naissance de la gauche. *Journal du MAUSS*, 28 sept. 2019.

HERION, Jean-Louis. *La cause du désir: l'agalma de Platon à Lacan*. Paris: Point Hors Ligne, 1993.

HIRSCHMAN, Albert. *A paixão e seus interesses: argumentos a favor do capitalismo antes do seu triunfo*. São Paulo: Paz e Terra, 1979.

HONNETH, Axel. *Luta por reconhecimento: a gramática moral dos conflitos sociais*. São Paulo: Editora 34, 2003.

HONNETH, Axel. *Sofrimento de indeterminação*. São Paulo: Esfera Pública, 2007.

HORKHEIMER, Max. *Teoria crítica I*. São Paulo: Perspectiva, 2000.

IRIGARAY, Luce. *Speculum de l'autre femme*. Paris: Minuit, 1974.

KANT, Immanuel. O que é o esclarecimento? In: *Textos seletos*. Petrópolis: Vozes, 2012.

KOJÈVE, Alexandre. *Introduction à la lecture de Hegel*. Paris: Gallimard, 1943.

KRIS, Ernst. Ego Psychology and Interpretation in Psychoanalytic eraphy. *Psychoanalytic Quartely*, v. 1, n. 10, 1951.

LACAN, Jacques. *Assises de Deauville*. 1978. Inédito.

LACAN, Jacques. *Autres écrits*. Paris: Seuil, 2001.

LACAN, Jacques. Conclusion du 9e Congrès de l'École Freudienne de Paris sur "La transmission". *Lettres de l'École*, v. II, n. 25, 1979.

LACAN, Jacques. *De la psychose paranoïaque dans ses rapports avec la personnalité*. Paris: Seuil, 2015.

LACAN, Jacques. *Écrits*. Paris: Seuil, 1966.

LACAN, Jacques. Entretien avec Madeleine Chapsal. *L'Express*, 31 maio 1957.

LACAN, Jacques. Je parle aux murs... Paris: Seuil, 2011.

LACAN, Jacques. *Le Séminaire, livre I: Écrits techniques*. Paris: Seuil, 1980.

LACAN, Jacques. Le Séminaire, *livre II: Le Moi dans la théorie de Freud et dans la technique de la psychanalyse (1954-1955)*. Paris: Seuil, 1978.

LACAN, Jacques. *Le Séminaire, livre IV: La relation d'objet*. Paris: Seuil, 1998.

LACAN, Jacques. *Le Séminaire, livre V: Les formations de l'inconscient*. Paris: Seuil, 1998.

LACAN, Jacques. *Le Séminaire, livre VII: L'éthique de la psychanalyse*. Paris: Seuil, 1986.

LACAN, Jacques. *Le Séminaire, livre VIII: Le transfert*. Paris: Seuil, 1998.

LACAN, Jacques. *Le Séminaire, livre X: L'angoisse*. Paris: Seuil, 2006.

LACAN, Jacques. *Le Séminaire, livre XI: Les quatre concepts fondamentaux de la psychanalyse*. Paris: Seuil, 1973.

LACAN, Jacques. *Le Séminaire, livre XIV: La logique du fantasme*. Paris: 1966-1967. Inédito.

LACAN, Jacques. *Le Séminaire, livre XIX: ...ou pire*. Paris: Seuil, 2012.

LACAN, Jacques. *Le Séminaire, livre XV: L'acte psychanalytique*. Paris, 1967-1968. Inédito.

LACAN, Jacques. *Le Séminaire, livre XVI: D'un Autre à l'autre*. Paris: Seuil, 2006.

LACAN, Jacques. *Le Séminaire, livre XVII: L'envers de la psychanalyse*. Paris: Seuil, 1991.

LACAN, Jacques. *Le Séminaire, livre XX: Encore*. Paris: Seuil, 1973.

LACAN, Jacques. *Mon enseignement*. Paris: Seuil, 2006.

LACAN, Jacques. *O triunfo da religião*. Rio de Janeiro: Jorge Zahar, 2012.

LACAN, Jacques. *Some Reflections About the Ego*. Inédito.

LACAN, Jacques.*Le Séminaire, livre III: Les Psychoses*. Paris: Seuil, 1981.

LECLAIRE, Serge. *Psychanalyser*. Paris: Seuil, 1968.

LEFORT, Claude. *A invenção democrática*. Belo Horizonte: Autêntica, 2011.

LENIN, Vladimir. *Estado e revolução*. São Paulo: Boitempo, 2018.

LUKÁCS, Georg. *História e consciência de classe*. São Paulo: Martins Fontes, 2002.

MARX, Karl. *Grundrisse*. São Paulo: Boitempo, 2011.

MITSCHERLICH, Alexander. *Auf dem Weg zur vaterlosen Gesellscha*. In: *Gesammelte Schri en*. Frankfurt: Suhrkamp, 1983.

MOREIRA, Maira. *O feminismo é feminino? A inexistência da mulher e a subversão da identidade*. São Paulo: Annablume, 2019.

NANCY, Jean-Luc; LACOUE-LABARTHE, Pierre. *O título da letra*. São Paulo: Imago, 1984.

NOBUS, Dany. *Jacques Lacan and the Freudian Practice of Psychonalaysis*. New York: Routledge, 2000.

OLIVEIRA, Cláudio. Capitalismo e gozo: Marx e Lacan. *Revista Tempo da Ciência*, v. 11, n. 22, 2004.

PLATÃO. *Primeiro Alcibíades*. Belém: Editora da UFPA, 2015.

POLITZER, Georges. *Critique des fondements de la psychologie*. Paris: PUF, 2003.

POLLOCK, Friedrich. State Capitalism: Its Possibilities and Limi- tations. In: ARATO, Andrew; GEBHARDT, Eike (Ed.). *The Essential Frankfurt School Reader*. New York: Continuum, 1983.

PRECIADO, Paul. Intervenção na 49ª Jornada da Escola da Causa Freudiana. 17 nov. 2019. Disponível em: <http://lacanempdf. blogspot.com/2019/12/paul-b-preciado-intervencao-na-49. html>. Acesso em: 8 jun. 2020.

RAJCHMAN, John. *Truth and Eros: Foucault, Lacan and the Question of Ethics*. New York: Routledge, 2013.

REICH, Wilhelm. *Psicologia das massas do fascismo*. São Paulo: Martins Fontes, 2015.

RIVERA, Tania. Subversões da lógica fálica: Freud, Lacan, Preciado. 24 dez. 2019. Disponível em: <https://psicanali-sede-mocracia.com.br/2019/12/subversoes-da-logica-falica-freud-la-can-preciado-por- tania-rivera>. Acesso em: 8 jun. 2020.

SAFATLE, Vladimir. *A paixão do negativo: Lacan e a dialética*. São Paulo: Unesp, 2006.

SAFATLE, Vladimir. *Fetichismo: colonizar o Outro*. Rio de Janeiro: Civilização Brasileira, 2010.

SAFATLE, Vladimir. *Grande Hotel Abismo*. São Paulo: Martins Fontes, 2012.

SAFATLE, Vladimir. *O circuito dos afetos*. Belo Horizonte: Autêntica, 2016.

SAFATLE, Vladimir; CATALANI, Felipe. Adorno e a dialética: uma conversa a partir de *Dar corpo ao impossível*. *Princípios: Revista de Filosofia*, v. 26, n. 51, 2019.

STALIN, Josef. Marxism and Problems of Linguistics. Disponível em: <https://www.marxists.org/reference/archive/stalin/ works/1950/jun/20.htm>. Acesso em 23 jun. 2020.

TARDE, Gabriel. *Les lois de l'imitation*. Paris: Kimé, 2000.

TAYLOR, Charles (Ed.). Multiculturalism. Princeton: Princeton University Press, 1994.

TOMSIC, Samo. *The Capitalist Unconscious: Marx and Lacan*. London: Verso, 2015.

TOSQUELLES, François. *Le travail thérapéutique en psychiatrie.* Paris: Érès, 2013.

WEBER, Max. *Economia e sociedade.* Brasília: EdUnB, 1982.

WITTIG, Monique. *The Straight Mind and Other Essays.* Boston: Beacon Press, 1992.

ZAFIROPOULOS, Mark. *Lacan et les sciences sociales: le déclin du père.* Paris: PUF, 2002.

ŽIŽEK, Slavoj. *Enjoy Your Symptom!* New York: Routledge, 1992.

Nota biográfica

Vladimir Safatle nasceu em 1973, em Santiago do Chile. Formado em Filosofia pela Universidade de São Paulo (USP), é mestre em Filosofia pela mesma instituição, com dissertação sobre o conceito de "sujeito descentrado" em Lacan, sob a orientação de Bento Prado Júnior. É também doutor em Filosofia pela Universidade de Paris VIII, com tese sobre as relações entre Lacan e a dialética, sob a orientação de Alain Badiou. Professor titular do Departamento de Filosofia da USP, onde leciona desde 2003, Safatle foi professor convidado nas universidades de Paris I, Paris VII, Paris VIII e Paris X, de Toulouse (França) e Louvain (Bélgica); *visiting scholar* da Universidade da Califórnia (Berkeley); *fellow* do Stellenboch Institute of Advanced Studies (África do Sul); pesquisador convidado pela Universidade de Essex (Inglaterra) e responsável por seminários no Collège International de Philosophie (França). Um dos coordenadores do Laboratório de Teoria Social, Filosofia e Psicanálise (Latesfip/USP), juntamente com Christian Dunker e Nelson da Silva Júnior, é ainda membro do conselho diretivo da International Society of Psychoanalysis and Philosophy (ISPP) e bolsista de produtividade do CNPq.

Com artigos traduzidos para inglês, francês, japonês, espanhol, sueco, italiano, catalão e alemão, suas publicações versam sobre psicanálise, teoria do reconhecimento, filosofia da música, filosofia política, filosofia francesa contemporânea e reflexão sobre a tradição dialética pós-hegeliana. Seus livros anteriores incluem: *Dar corpo ao impossível: o sentido da dialética a partir de Theodor Adorno* (Autêntica, 2019), *Só mais um esforço* (Três estrelas, 2017), *O circuito dos afetos: corpos políticos, desamparo e o fim do indivíduo* (Autêntica, 2016, versão em espanhol publicada pela Universidad de San Bonaventura, 2019, versão em italiano publicada pela Editora Aracne, 2020), *Grande Hotel Abismo: para uma reconstrução da teoria do reconhecimento* (Martins Fontes, 2012, versão em inglês publicada pela Leuven University Press, 2016), *O dever e seus impasses* (Martins Fontes, 2013), *A esquerda que não teme dizer seu nome* (Três estrelas, 2012, versão em espanhol publicada pela LOM Ediciones, 2014), *Fetichismo: colonizar o outro* (Civilização brasileira, 2010), *Cinismo e falência da crítica* (Boitempo, 2008), *Introdução a Jacques Lacan* (Publifolha, 2007, versão atualizada publicada pela Autêntica, 2017) e *A paixão do negativo: Lacan e a dialética* (Unesp, 2006, versão em francês publicada por Georg Olms Verlag, 2010).

Seus próximos trabalhos versarão sobre a atualização da noção de forma crítica a partir da estética musical contemporânea e da reflexão sobre problemas relacionados ao destino das categorias de autonomia, expressão e sublime.

Este livro foi composto com tipografia Minion Pro e impresso
em papel Off-White 80 g/m² na Paulinelli.